O NOVO E ANTIGO MINISTÉRIO DOS CATEQUISTAS

DOM ROGÉRIO AUGUSTO DAS NEVES

O NOVO E ANTIGO MINISTÉRIO DOS CATEQUISTAS

EDITORA SANTUÁRIO

Imagem da capa: *A Samaritana no poço*
Cláudio Pastro - Santuário Nacional de Nossa Senhora Aparecida

Dados Internacionais de Catalogação na Publicação (CIP) de acordo com ISBD

N518n Neves, Dom Rogério Augusto das

O novo e antigo ministério dos catequistas / Dom Rogério Augusto das Neves. - Aparecida : Editora Santuário, 2023.
88 p. ; 14cm x 21cm.

ISBN: 978-65-5527-305-2

1. Ministério. 2. Catequistas. 3. Formação. 4. Igreja católica. I. Título.

2023-723 CDD 230
CDU 23

Elaborado por Odilio Hilario Moreira Junior - CRB-8/9949

Índice para catálogo sistemático:
1. Teologia 230
2. Teologia 23

1ª impressão

Rua Pe. Claro Monteiro, 342 – 12570-045 – Aparecida-SP
Tel.: 12 3104-2000 – Televendas: 0800 - 0 16 00 04
www.editorasantuario.com.br
vendas@editorasantuario.com.br

PREFÁCIO

Os catequistas estão por toda parte. Em todas as paróquias, capelas e comunidades distantes. Mesmo nos lugares mais afastados, onde, quem sabe, raramente um sacerdote chega, eles marcam sua presença. Não há risco de erro se dissermos que onde quer que haja cristãos, naquelas vidas passou um catequista, sem com isso, querer dizer que haja semelhanças no modo como seu serviço tenha se realizado. Quando Filipe (o diácono) encontrou-se com um eunuco etíope, alto funcionário de Candace, rainha da Etiópia, e administrador de seu tesouro (At 8,26-40). Ele viu que esse peregrino, voltando de Jerusalém, agora na volta para a casa, sentado em seu carro, estava lendo o profeta Isaías e perguntou-lhe: "Tu compreendes o que estás lendo?" O eunuco respondeu: "Como poderia, se ninguém me orienta?" Então, Filipe subiu no carro e sentou-se junto dele para explicar-lhe. O homem lia a passagem de Isaías, que dizia que "levado como uma ovelha ao matadouro, e qual um cordeiro diante de seu tosquiador, emudeceu e não abriu a boca..." Então, disse a Filipe: "Peço que me expliques de quem o profeta está dizendo isso. Ele fala de si mesmo ou se refere a algum outro? Então Filipe começou a falar e, partindo dessa passagem da Escritura, anunciou-lhe Jesus. Quando chegaram a um lugar onde havia água, o Eunuco disse a

Filipe: "Aqui temos água. Que impede que eu seja batizado?" Os dois desceram do carro, para a água, e Filipe batizou o homem. Ali já havia um sinal de que a fé cristã sempre dependeria da instrução de quem pudesse auxiliar na vida dos que se inquietavam com o chamado da fé.

Os catequistas não são uma criação da Igreja, mas são uma consequência de sua atividade missionária, porque o Evangelho anunciado é um convite para formar comunidade eclesial. Não basta ler o que já foi escrito. É preciso que alguém ensine.

É curioso que, depois de tantos séculos de presença da Igreja no mundo, somente agora tenha havido um desejo maior de olhar para a figura do catequista. Talvez pelo fato de que esse trabalho envolva em grande parte os irmãos leigos isso tenha levado a uma certa indiferença, mesmo diante de uma atividade prioritária na vida de nossas comunidades.

Agora estamos diante da instituição de um ministério tão conhecido, mas que parece uma criação recente. A Carta Apostólica do Papa Francisco, *Antiquum ministerium*, de 10 de maio de 2021, instituiu o ministério laical de Catequista. Nela, o Santo Padre afirma que: *"receber um ministério laical como o de Catequista imprime uma acentuação maior ao empenho missionário típico de cada um dos batizados que, no entanto, deve ser desempenhado de forma plenamente secular, sem cair em qualquer tentativa de clericalização"*. O Papa diz se tratar de um serviço estável prestado à Igreja local, de acordo com as exigências pastorais identificadas pelo Ordinário do lugar (o Bispo diocesano), mas desempenhado de maneira laical, como exige a própria natureza do ministério. Esse ministério é conferido mediante um rito litúrgico, cuja elaboração confiou à Congregação para o Culto Divino e a Disciplina dos Sacramentos, que, em 3 de dezembro de 2021, publicou já o *Rito de Instituição do ministério laical de Catequista.*

Não se trata de suprimir os modelos e planos de Catequese de nossas comunidades, tampouco de extinguir os serviços catequéticos exercidos por nossos catequistas, que não tiverem o ministério instituído. Fica muito claro que não se pretende conferir o ministério a todos os catequistas nem criar uma condição que talvez exclua, por força de exigências novas, a multidão de pessoas que trabalham dentro de seus limites humanos, contando somente com a graça de Deus e com o testemunho da fé. Seria um desastre para a Igreja fazer parecer que aqueles que não preencherem os requisitos para serem instituídos no ministério de catequistas estarão privados da possibilidade de serem verdadeiros catequistas. Basta lembrar que existe o ministério instituído dos Leitores e dos Acólitos, mas a imensa maioria dos que exercem esses serviços não receberam a instituição liturgica, e nem por isso são afastados do serviço.

O livro que apresentamos aqui traz um pouco do que encontramos na Legislação da Igreja sobre o papel dos leigos e os serviços e ministérios que já exercem ou que podem exercer. Faz sempre um confronto trazendo a consideração de que o papel do leigo, na Igreja, seja prevalentemente secular. Isto é, sua primeira missão é impregnar as realidades terrestres com a Palavra de Deus. O aspecto ministerial, do ponto de vista institucional, é o que reserva a alguns dos fiéis o trabalho específico na Igreja. Por isso essas pessoas são retiradas da atividade secular para servir na Igreja e são habilitadas por meio do sacramento da Ordem. Esses são os chamados "ministros sagrados". Porém o sacramento do

Batismo também traz em si o aspecto da ministerialidade. Por isso todos os batizados, dentro de uma ordem e condição, são também ministros do Evangelho. É isso que tem levado a Igreja a uma renovação capaz de reconhecer e instituir alguns ministérios para os quais não se requer o poder da Ordem. Esse é o caso do ministério laical dos catequistas.

Esta pequena obra pretende explorar um pouco da novidade do ministério instituído, sem perder de vista a realidade do ministério já exercido desde o começo. Desejaria ser uma reflexão para os catequistas. Não para que desejassem o reconhecimento de seu trabalho, feito por generosidade e com grandeza de alma, exatamente para não privá-los da alegria de apenas servir, tal como nos ensina São Paulo: *"Em tudo o que fiz, mostrei a vocês que mediante trabalho árduo devemos ajudar os fracos, lembrando as palavras do próprio Senhor Jesus, que disse: 'Há maior felicidade em dar do que em receber'"* (At 20,35); mas para exaltar a grandeza do trabalho confiado a eles e, de certo modo, realizar o que o mesmo São Paulo entendia sobre seu ministério: *"... fui feito ministro pelo dom da graça que Deus me confiou, mostrando em mim seu poder. A mim, o menor de todos os santos, foi confiada a graça de anunciar aos pagãos as insondáveis riquezas de Cristo, de esclarecer a todos como se realiza o mistério escondido desde séculos em Deus, o criador do universo"* (Ef 3,6-9).

***

O NOVO E ANTIGO MINISTÉRIO DOS CATEQUISTAS

1. O que há de novo e antigo no ministério da Catequese?

Foi com o nome de *Antiquum Ministerium* (Ministério Antigo) que o Papa Francisco, em uma Carta Apostólica sob forma de *Motu proprio*, instituiu o Ministério de catequistas, no dia 10 de maio de 2021. Tal afirmação parece confundir a mente de quem deseja falar sobre o ministério dos catequistas, a ponto de não compreender se se trata de um novo ou de um antigo ministério. Na aparente contradição, o Papa Francisco deixa claro que não está inventando um ministério, mas apenas dando a ele uma nova força através do reconhecimento de um serviço tão antigo quanto a Igreja. Segundo o Papa, os teólogos pensam que se encontram os primeiros exemplos de catequistas já nos escritos do Novo Testamento. A primeira forma germinal do serviço catequético estaria nos "mestres" mencionados por São Paulo, na Primeira Carta aos Coríntios:

> *"E aqueles que Deus estabeleceu na Igreja são, em primeiro lugar, apóstolos; em segundo, profetas; em terceiro, mestres; em seguida, há o dom dos milagres, depois o das curas, o das obras de assistência, o de governo e o das diversas línguas. Porventura são todos apóstolos? São todos profetas? São todos mestres? Fazem todos milagres? Possuem todos o dom das curas? Todos falam línguas? Todos as interpretam?"* (1Cor 12,28-31).

A atividade missionária dos catequistas percorreu a história da Igreja, de modo que a Igreja foi sempre alimentada por essa atividade. O testemunho oferecido por antigos escritos, como o assim chamado *Catecismo dos*

Primeiros Cristãos, também conhecido como *Didaqué* (*"Instrução"* dos Doze Apóstolos) revela o quanto a atividade catequética era considerada importante, já no início da Igreja (século I). O modelo oferecido pelo *Catecumenato* do início do Cristianismo, além de inspirar o caminho da Iniciação Cristã de nossos dias, também revela o quanto o ministério (serviço) catequético é antigo[1]. Em nossos dias, essa consciência tem crescido ainda mais. O Concílio Vaticano II, por exemplo, reconheceu o papel indispensável dos catequistas, no passado e no futuro da Igreja:

> *"De modo semelhante, é digno de elogio aquele exército com tantos méritos na obra das missões entre pagãos, o exército dos catequistas, homens e mulheres, que, cheios do espírito apostólico, prestam com grandes trabalhos uma ajuda singular e absolutamente necessária à expansão da fé e da Igreja. Hoje em dia, em razão da escassez de clero para evangelizar tão grandes multidões e exercer o ministério pastoral, o ofício dos catequistas tem muitíssima importância"* (Concílio Vaticano II, Decreto *Ad gentes*, 17).

[1] A estrutura do *catecumenato*, desses primeiros séculos da Igreja, era constituída de quatro etapas: 1. Pré-catecumenato; 2. Catecumenato, propriamente dito; 3. Purificação e Iluminação; e 4. Mistagogia. A *primeira etapa* correspondia ao anúncio querigmático, que despertava para a fé; a *segunda* era o longo tempo do catecumenato, propriamente dito (dois, três ou mais anos), em que estava situada a catequese ou a instrução circundada por muitos elementos próprios deste: orações, celebrações, ritos, entregas, escrutínios etc. A *terceira etapa* era realizada no período quaresmal, vivido intensamente como preparação imediata (purificação) para a recepção dos três Sacramentos da Iniciação (Batismo, Confirmação e Eucaristia), celebrados conjuntamente na noite do Sábado Santo (Iluminação). A *quarta etapa*, no tempo Pós-Pascal, consistia nas *catequeses mistagógicas*, que ilustravam e aprofundavam os ritos celebrados na recepção dos Sacramentos, e se aprofundava a vida nova em Cristo. Hoje, o *Rito de Iniciação Cristã para Adultos* (1972), por determinação do Concílio Vaticano II, restaurou o catecumenato, mantendo esses quatro tempos, o que foi assumido tanto pelo *Diretório Geral para a Catequese* (1997), como pelo *Diretório Nacional de Catequese* (2006). Cf. Conferência Nacional dos Bispos do Brasil, Ministério de Catequista, Estudos da CNBB n. 95, p. 34.

Foi por isso que o Concílio Vaticano II, desejando promover uma renovação na ação da Igreja, pensou especialmente na catequese, determinando que se devia elaborar, entre outros, um Diretório para a Catequese. O decreto conciliar fez essa determinação no seguinte texto:

> *"Dispõe também o sagrado Concílio que se redijam Diretórios gerais para a cura de almas, tanto destinados aos Bispos como aos párocos, onde uns e outros encontrem métodos seguros para mais fácil e frutuoso desempenho das obrigações pastorais. Redijam-se ainda quer um Diretório especial sobre a cura pastoral dos grupos particulares de fiéis, segundo as circunstâncias de cada nação ou região, quer um Diretório sobre a formação catequética do povo cristão, que exponha os princípios fundamentais, a orientação e também o modo de elaborar os livros acerca desta matéria"* (Concílio Vaticano II, Decreto *Christus Dominus*, 44).

Esse Diretório para a catequese foi lançado em 18 de março de 1971, por São Paulo VI, e se chamava *Diretório Catequético Geral*. O referido Diretório foi atualizado duas vezes. Em 15 de agosto de 1997, foi lançado o *Diretório Geral para a Catequese*, aprovado por São João Paulo II. E, mais recentemente, em 23 de março de 2020, o Papa Francisco aprovou o *Diretório para a Catequese*.

Diante desse cenário, já que parece óbvio que o serviço dos catequistas constitui verdadeiramente um ministério antigo, então, em que consistiria a novidade estabelecida nessa Carta Apostólica do Papa Francisco?

A resposta, de certa forma simples, é que o Papa Francisco estabeleceu o serviço dos catequistas como um ministério instituído. Trata-se, portanto, de dar um reconhecimento institucional a um serviço que não era chamado de ministério, sobretudo porque seu exercício está confiado aos leigos.

Hoje em dia, o termo *"ministério"* tem sua aplicação alargada, mas por se tratar de um termo técnico, em princípio aplicado aos ministros clérigos, acaba por suscitar possíveis problemas em seu uso indiscriminado. Daí reconhecermos que existem riscos nessa utilização. Por exemplo, banalizar os ministérios, como se todos os serviços na Igreja pudessem ter esse nome, ou, mesmo que se pretenda combater o assim chamado *"clericalismo"*, acaba por promover certo tipo de *"clericalização dos leigos"*.

O Papa Francisco, em seu discernimento, considerou conveniente correr esses riscos em prol de um bem maior, qual fosse, dar uma consideração a um grupo de pessoas tão importante na Igreja, que talvez esteja relegado a seus esforços e iniciativas pessoais, com todo o sacrifício que isso comporta, como se não estivesse realizando um verdadeiro serviço eclesial, isto é, como se a Igreja não tivesse nada a ver com esse seu envolvimento maravilhoso com a fé da Igreja e com a formação dos fiéis.

As questões técnicas podem até atrapalhar ou confundir, mas a missão da Igreja certamente é enriquecida e promovida de maneira salutar quando se reconhece a entrega e a dedicação dos que se empenham por essa mesma missão.

***

2. O termo "ministério"

Em nossa linguagem eclesial parece não haver nenhum problema quando nos referimos aos serviços na Igreja com a designação de ministérios. Assim, por exemplo, encontramos no Código de Direito Canônico, no livro

III, *Da missão de ensinar da Igreja*, o título I, *Do ministério da Palavra de Deus*. Esse é dividido em dois capítulos. O primeiro, *Da pregação da Palavra de Deus*; o segundo, *Da formação catequética*. Assim, tanto a pregação da Palavra de Deus, quanto a formação catequética estão sob o título de ministério da Palavra de Deus. E não só isso, mas o Código, depois de estabelecer os responsáveis por essa pregação como sendo o Romano Pontífice (cân. 756, §1), os Bispos (cân. 756, §2), os presbíteros e diáconos (cf. cân. 757), os religiosos (cân. 758), traz especialmente a possibilidade do exercício do ministério da palavra pelos leigos:

> *"Em virtude do batismo e da confirmação, os fiéis leigos são testemunhas da mensagem evangélica, mediante a palavra e o exemplo de vida cristã; podem também ser chamados a cooperar com o Bispo e os presbíteros no exercício do ministério da palavra"* (cân. 759).

***

3. Leigos pregadores nas igrejas ou oratórios

Quando trata da pregação da Palavra de Deus, o Código afirma que o povo de Deus se reúne, em primeiro lugar, pela Palavra do Deus vivo. Que é sempre legítimo exigir essa Palavra dos lábios dos sacerdotes. Por isso um dos principais deveres dos ministros sagrados[2] é anunciar a todos o Evangelho de Deus (cf. cân. 762). Afirma que é direito dos Bispos pregar a Palavra de Deus (cf. cân. 763), que os presbíteros e diáconos têm a faculdade de pregar (cf.

[2] Oportunamente falaremos sobre o termo: "ministros sagrados".

cân. 764) e que, para pregar aos religiosos em suas igrejas ou oratórios, requer-se licença do Superior deles (cf. cân. 765). E acrescenta a possibilidade de que os leigos sejam admitidos para pregar em igreja ou oratório:

> *"Para pregar em igreja ou oratório, leigos podem ser admitidos se a necessidade o exigir, em determinadas circunstâncias, ou a utilidade o aconselhar, em casos particulares, de acordo com as prescrições da Conferência dos Bispos e salvo o cân. 767, §1"* (cân. 766).

***

4. Restrição para os leigos de proferirem a homilia na missa

A exceção mencionada se refere à homilia, na missa, que é um tipo de pregação que não se permite a um leigo fazer:

> *"Entre as formas de pregação, destaca-se a homilia, que é parte da própria liturgia e se reserva ao sacerdote ou diácono; nela se devem expor, ao longo do ano litúrgico, a partir do texto sagrado, os mistérios da fé e as normas da vida cristã"* (cân. 767, §1).

Quanto às mencionadas prescrições da Conferência dos Bispos, a Conferência Nacional dos Bispos do Brasil emanou as seguintes normas:

> *1. Entre as formas de pregação, destaca-se a homilia, parte integrante da própria ação litúrgica e reservada ao sacerdote ou diácono. O leigo, portanto, não poderá fazê-la.*

2. Valorize-se o ministério dos diáconos na pregação da Palavra de Deus.
3. O Bispo Diocesano, onde houver necessidade ou utilidade pastoral, pode permitir, por tempo determinado, que leigos idôneos preguem nas igrejas e oratórios.
4. Atenda-se à formação e acompanhamento dos leigos comissionados para a pregação, de modo a garantir-se a fidelidade à doutrina e sua integridade.
5. Em casos particulares e observadas as prescrições diocesanas, o pároco e o reitor de igreja podem confiar a pregação a leigos de comprovada idoneidade. (Texto da Legislação Complementar ao Código de Direito Canônico emanada pela CNBB quanto ao cân. 766.)

***

5. O termo "ministro"

Como já dissemos, há atualmente uma grande aceitação com o uso do termo "ministério" de maneira bastante abrangente, porém já não encontramos tanto conforto na utilização genérica do termo "ministro". A prática pastoral pode ilustrar isso. Por exemplo, diversos grupos de animação do canto litúrgico convencionaram dizer que participam do "ministério de música". Mas, em geral, essas mesmas pessoas não se designam a si mesmas de "ministros de música".

A legislação da Igreja distingue os ministros como sendo os que trabalham na Igreja, agindo em nome dela e realizando um serviço sagrado.

***

6. O ofício eclesiástico

No Código de Direito Canônico, pode-se distinguir quem exerce um ofício eclesiástico daquele que é chamado ministro. É fácil perceber que ofício é um encargo, uma nomeação. Já o ministério é um serviço que está mais na linha do sagrado. Um ofício é sempre dado por meio de uma provisão (nomeação), em geral, escrita. O ministério, se for concedido liturgicamente, será no mínimo dado por meio de uma bênção. A legislação define ofício assim:

> *"Ofício eclesiástico é qualquer encargo constituído estavelmente por disposição divina ou eclesiástica, a ser exercido para uma finalidade espiritual"* (cân. 145, §1).

Um ofício pode ser entendido como sendo um cargo. Entre esses podem-se contar ofícios muito diversos: pároco, vigário paroquial, ecônomo, chanceler, professor, bispo diocesano, bispo auxiliar, notário, juiz, vigário judicial, vigário episcopal, vigário geral, promotor de justiça, defensor do vínculo etc.

***

7. O ministro sagrado

Em outras partes, encontramos a noção de ministro sagrado como sendo uma instituição divina, isto é, um poder transmitido da parte do próprio Deus e não somente da Igreja. Também encontramos a maneira como alguém se torna ministro sagrado ou clérigo, isto é, pelo sacramento da Ordem:

"Por instituição divina, entre os fiéis, há na Igreja os ministros sagrados, que no direito são também chamados clérigos; e os outros fiéis são também denominados leigos" (cân. 207, §1). *"Pela ordenação diaconal, alguém se torna clérigo e é incardinado na Igreja particular ou prelazia pessoal, para cujo serviço foi promovido"* (cân. 266, §1).

Esse texto é interessante porque faz lembrar que o Código chama também os leigos de ministros, mas nunca de ministros sagrados, termo exclusivo para quem recebe o sacramento da Ordem. Há ofícios para os quais a legislação exige o ministério sagrado para que se confira determinado ofício. Exemplo disso é o ofício de pároco:

"Para alguém ser assumido validamente como pároco, requer-se que seja constituído na ordem sacra do presbiterato" (cân. 521, §1).

Outra norma que abrange essa e outras figuras encontra-se no livro I do Código. De maneira geral se estabelece que a cura de almas, isto é, a função de pastores, é exclusiva de quem recebe o sacramento da Ordem. Mas, não só isso. Se se tratar da plena cura de almas, nesse caso, requer-se o grau do presbiterado ou espiscopado:

"O ofício que implica plena cura de almas, para cujo desempenho se requer o exercício da ordem sacerdotal não pode ser conferido validamente a quem ainda não foi promovido ao sacerdócio" (Cân. 150).

Para voltar à distinção entre ofício e ministério, podemos exemplificar assim: Um fiel se torna padre (presbítero) pelo sacramento da Ordem. Esse é um ministério. Mas ele pode não exercer nenhum ofício. Quando ele é nomeado pároco ou vigário paroquial, então, ele está recebendo um ofício.

***

8. Leigos podem assumir ofícios eclesiásticos

Em contraposição, como há ofícios que não implicam a plena cura de almas e para os quais o exercício da ordem sacerdotal não é necessário, esses ofícios podem ser assumidos por leigos:

> *"Os leigos julgados idôneos são hábeis para ser assumidos pelos Pastores sagrados para aqueles ofícios eclesiásticos e encargos que eles podem desempenhar, segundo as prescrições do direito"* (cân. 228, §1).

Há, portanto, ofícios que não têm a ver com ministérios. E existem ministérios que não têm a ver com ofícios. Apesar disso, quando se trata dos ministérios sagrados, que são conferidos pelo sacramento da Ordem, nesse caso, os ministros sempre deverão receber algum ofício eclesiástico.

8.1. Leigos professores que ensinam Ciências Sagradas em nome da Igreja

Uma boa compreensão dessa norma levaria a vários desdobramentos. Os leigos podem exercer diversos ofícios na Igreja que não requerem o sacramento da ordem. Podem, por exemplo, exercerem o ofício de professores das ciências sagradas, inclusive com um mandato que lhes dá a condição de ensinar em nome da Igreja. Assim dispõe o Código:

> *"Os leigos, a fim de poderem viver segundo a doutrina cristã, anunciá-la também eles e, se necessário, defendê-la, e para poderem participar no exercício do apostolado, têm o dever e o direito de adquirir dessa doutrina um conhecimento adaptado à capacidade e condição próprias de cada um"* (cân. 229, §1). *"Gozam também do direito de adquirir aquele conhecimento mais completo nas ciências sagradas, ensinadas nas universidades e faculdades eclesiásticas ou nos institutos de ciências religiosas, aí frequentando aulas e obtendo graus acadêmicos"* (cân. 229, §2). *"Assim também, observando-se as disposições estabelecidas no tocante à idoneidade requerida, são hábeis para receber da legítima autoridade eclesiástica o mandato de ensinar as ciências sagradas"* (cân. 229, §3).

8.2. Leigos juízes nos Tribunais Eclesiásticos

Outro exemplo de ofício que os leigos podem exercer, apesar de certas reservas, refere-se ao trabalho judiciário, por exemplo, como juízes. O Código estabelece essa possibilidade:

> *"O Bispo constitua na diocese Juízes que sejam clérigos"* (cân. 1421, §1). *"A conferência dos Bispos pode permitir que também leigos sejam constituídos juízes um dos quais pode ser assumido para formar o colégio, se a necessidade o aconselhar"* (cân. 1421, §2). *"Os juízes sejam de boa reputação e doutores ou ao menos licenciados em Direito Canônico"* (cân. 1421, §3).

A Conferência dos Bispos do Brasil legislou a esse respeito, conforme o mandato do cânon 1421, §1, determinando que, no Brasil, os leigos podem ser assumidos como juízes. O texto da CNBB é o seguinte:

> *"É permitido que leigos sejam constituídos juízes"* (Texto da Legislação Complementar ao Código de Direito Canônico emanada pela CNBB quanto ao cân. 1421, §1).

Há casos em que a lei reserva o ofício de juiz para clérigos, mas em outros permite que o encargo seja exercido também por leigos, como é o caso do processo mais frequente nos tribunais eclesiásticos, o de nulidade do matrimônio. Assim diz o texto legal:

> *"As causas de nulidade do matrimônio são reservadas a um colégio de três juízes. O mesmo deve ser presidido por um juiz clérigo, os restantes juízes podem ser também leigos"* (cân. 1673, §3).

8.3. Leigos auditores em um Tribunal Eclesiástico

Para um tribunal eclesiástico, um leigo pode ser designado também como auditor, isto é, aquele que faz as audiências e colhe os testemunhos que servirão de prova. Essa nomeação é possível conforme a aprovação do Bispo, segundo a norma do seguinte cânon:

> *"O juiz ou o presidente do tribunal colegial pode designar um auditor para a instrução da causa, escolhendo-o entre os juízes do tribunal ou entre as pessoas aprovadas pelo Bispo para essa função"* (cân. 1428, §1). *"O Bispo pode aprovar*

para função de auditor clérigos ou leigos, de reconhecida probidade, prudência e doutrina" (cân. 1428, §2).

8.4. Leigo chanceler ou notário da Cúria diocesana

Para o trabalho em uma Cúria Diocesana, não só o notário, mas também o chanceler podem ser leigos, homens ou mulheres, com uma única restrição imposta pelo cânon 483, §2. Sendo o notário, na Igreja, depositário da fé pública, assemelha-se aos tabeliães da administração civil:

> *"Em toda a cúria constitua-se um chanceler, cujo ofício principal, salvo determinação diversa do direito particular, é cuidar que os atos da cúria sejam redigidos e despachados, bem como sejam guardados no arquivo da cúria"* (cân. 482, §1). *"Se parecer necessário, pode-se dar ao chanceler um auxiliar com o nome de vice-chanceler"* (cân. 482, §2). *"O chanceler como também o vice-chanceler são, por isso mesmo, notários e secretários da cúria"* (cân. 482, §3). *"Além do chanceler, podem ser constituídos outros notários, cujo escrito ou assinatura fazem fé pública, seja para todos os atos, seja somente para atos judiciais ou somente para os atos de determinada causa ou questão"* (cân. 483, §1). *"O chanceler e os notários devem ser de fama inatacável e acima de qualquer suspeita; nas causas em que possa estar em jogo a fama de um sacerdote, o notário deve ser sacerdote"* (cân. 483, §2).

8.5. Leigo ecônomo na Cúria diocesana

Outra possibilidade de leigos exercerem um ofício eclesiástico em Cúria Diocesana é o encargo de ecônomo. Como entre as condições não existe nenhuma indicação de que seja um ofício clerical, e mais ainda porque a natureza do serviço requer outras habilidades, que nada têm a ver com o ministério sagrado, conclui-se que podem exercer este ofício tanto clérigos quanto leigos, homens ou mulheres. Assim se entende a partir do Código de Direito Canônico:

> *"Em cada diocese, seja nomeado pelo Bispo, ouvidos o colégio dos consultores e o conselho econômico, um ecônomo que seja realmente perito em economia e insigne por sua probidade"* (cân. 494, §1). *"O ecônomo seja nomeado por um quinquênio, mas, passado esse tempo, pode ser nomeado para outros quinquênios; durante o encargo, não seja destituído, a não ser por causa grave, a juízo do Bispo depois de ouvidos o colégio dos consultores e o conselho econômico"* (cân. 494, §2). *"Compete ao ecônomo, de acordo com o modo determinado pelo conselho econômico, administrar os bens da diocese sob a autoridade do Bispo e com as receitas da diocese fazer as despesas ordenadas legitimamente pelo Bispo ou por outros por ele designados"* (cân. 494, §3). *"No fim do ano, o ecônomo deve prestar contas das receitas e despesas ao conselho econômico"* (cân. 494, §4).

***

9. Os ministros leigos

9.1. Leigos Leitores ou Acólitos

Como se pode perceber, há uma distinção entre um ofício eclesiástico e um ministério. Alguns ofícios são conferidos exclusivamente a ministros sagrados (clérigos) e outros podem ser conferidos a leigos, independentemente de qualquer ministério, mesmo extraordinário. Como desejamos enfatizar os ministérios exercidos por leigos, recorremos à Lei Canônica para falar dessas possibilidades. A respeito dos ministérios já previstos no Código de Direito Canônico, antes de tudo, devemos recorrer ao Cânon 230 e seus parágrafos, que se referem aos assim chamados ministérios de leitor e acólito:

> *"Os leigos, que tiverem a idade e os dotes determinados com decreto da Conferência Episcopal, podem ser assumidos estavelmente, mediante o rito litúrgico estabelecido, aos ministérios de leitores e acólitos, todavia tal conferimento não atribui a eles o direito ao sustentamento ou à remuneração da parte da Igreja"* (cân. 230, §1).

Vale lembrar que o texto original trazia a expressão *"Os leigos varões..."* Isto é, o ministério de leitor e acólito só podia ser conferido a pessoas do sexo masculino. Essa expressão foi modificada na Carta Apostólica *Spiritus Domini* em forma de *motu proprio*, do Papa Francisco, de 11 de janeiro de 2021, que modificou o texto do cânon 230, §1, permitindo o acesso das pessoas do sexo feminino ao ministério instituído do leitorato e do acolitato. Quanto às condições mencionadas, a cargo da Conferência dos Bispos, a Conferência Nacional dos Bispos do Brasil emanou as seguintes normas:

> "Podem ser admitidos estavelmente aos ministérios de leitor e acólitos, de acordo com o cân. 230, §1, os maiores de idade (do sexo masculino), que, a critério do Ordinário competente:
> *1. Demonstrem maturidade humana e vida cristã exemplar.*
> *2. Tenham firme vontade de servir a Deus e participem, há algum tempo, de atividades pastorais, em uma comunidade eclesial, na qual sejam bem aceitos.*

3. Estejam preparados, doutrinal e praticamente, para exercerem conscientemente o seu ministério.
4. Façam seu pedido ao Ordinário próprio, livremente e por escrito, e, se casado, com o consentimento da esposa" (Texto da Legislação Complementar ao Código de Direito Canônico emanado pela CNBB quanto ao cân. 230, §1:).

A concessão desses ministérios era antes restrita somente a homens. Isso se devia ao fato de que a instituição de ambos estava na linha da preparação de um candidato a receber o sacramento da Ordem[3]. Ainda agora esses ministérios estão na linha da preparação para as ordens sagradas. De fato, a legislação estabelece que entre os requisitos para a ordenação diaconal está a recepção dos dois ministérios de leitor e acólito:

9.2. Leitores e Acólitos que se destinam ao Sacramento da Ordem

"Antes de alguém ser promovido ao diaconato permanente ou temporário, requer-se que tenha recebido os ministérios de leitor e de acólito e os tenha exercido por tempo conveniente" (cân. 1035, §1). *"Entre a recepção do acolitato e do diaconato, deve interpor-se o intervalo de ao menos seis meses"* (cân. 1035, §2).

9.3. A possibilidade de se confiar outros ministérios aos leigos: o primeiro aceno para o ministério dos catequistas

Foi o Papa Paulo VI, por meio da Carta Apostólica *Ministeria Quaedam*, dada em forma de *motu proprio*, em

[3] *"Nos cânones que seguem, com o nome de ordens maiores ou sagradas, designam-se o presbiterado, diaconado e subdiaconado; e com o nome de menores o acolitado, exorcistado, leitorado e ostiariado"* (cân. 949 do Código de Direito Canônico de 1917, que foi substituído pelo Código de Direito Canônico de 1983).

15 de agosto de 1972, quem reformou toda a matéria dos ministérios, extinguindo as chamadas *"ordens menores"*, substituindo-as pelos ministérios instituídos de leitor e acólito, e estabelecendo a possibilidade de que se conferissem outros ministérios, inclusive de catequistas:

> *"Além dos ofícios comuns à Igreja Latina, nada impede que as Conferências Episcopais solicitem também outros à Sé Apostólica, quando, por motivos específicos, julgarem a instituição dos mesmos necessária ou muito útil na própria região. Estão neste caso, por exemplo, as funções de Ostiário, de Exorcista e de Catequista, bem como outros ofícios que devam ser confiados àqueles que estão ligados a obras de caridade, onde este ministério não tenha sido confiado aos Diáconos".*

Na prática, os serviços de leitor e acólito são desempenhados por leigos, mas sem receber a instituição dos ministérios. Assim é previsto no Código de Direito Canônico:

> *"Os leigos podem desempenhar, por encargo temporário, as funções de leitor nas ações litúrgicas; igualmente todos os leigos podem exercer o encargo de comentador, de cantor ou outros, de acordo com o direito"* (cân. 230, §2).

A esse respeito, foi dirigida ao Pontifício Conselho para a Interpretação dos Textos Legislativos uma dúvida sobre a possibilidade de mulheres exercerem também o serviço do altar. A resposta aponta para uma interpretação mais ampla dessa possibilidade, e a explicação, ainda mais clara. O conteúdo da dúvida e resposta é o seguinte:

D. *Entre as funções litúrgicas que os leigos podem exercer, sejam homens ou mulheres, conforme a norma do cânon 230, §2, do CIC, pode enumerar-se o serviço do altar?*
R. *Afirmativamente, e segundo as instruções que dará a Sé Apostólica*[4].

Cumprindo que foi mandado pelo Romano Pontífice para que se indicassem e ilustrassem certos aspectos do cânon 230, §2, do CIC, juntamente com a interpretação autêntica desse cânon, a Congregação para o Culto Divino e a Disciplina dos Sacramentos, no dia 15 de março de 1994, enviou aos presidentes das Conferências episcopais uma Carta Circular na qual se enunciavam essas instruções:

> *"1. O cânon 230, §2 tem caráter permissivo e não preceptivo: 'os leigos... podem'. Por isso a licença dada para esse propósito por alguns Bispos de nenhum modo pode ser invocada como obrigatória para os outros Bispos. Compete a cada Bispo, em sua diocese, ouvido o parecer da Conferência Episcopal, dar um juízo ponderado e dispor o que se deve fazer para um ordenado desenvolvimento da vida litúrgica na própria diocese.*
> *2. A Santa Sé tem em consideração o que, atendidas especiais circunstâncias locais, estabeleceram alguns Bispos em vista do cânon 230, §2, porém ela mesma recorda, por sua vez, que sempre será muito oportuno manter clara a tradição do serviço do altar por parte de meninos. É bem conhecido que isso favoreceu também o aumento das vocações sacerdotais. Portanto, sempre existirá a obrigação de continuar sustentando esse grupo de acólitos.*
> *3. Se em alguma diocese, levando em consideração o cânon 230, §2, o Bispo considera que por razões particulares, pode se permitir também às mulheres o serviço do altar, isso haverá de ser explicado convenientemente aos fiéis, à luz do que*

[4] Cf. AAS 86 (1994), 541-542; EV 13/988-991, 11 de julho de 1992.

se disse acima, manifestando, igualmente, que as mulheres já frequentemente desempenham o serviço de leitor na liturgia e que, inclusive, podem distribuir a Sagrada comunhão como ministras extraordinárias da Eucaristia (sic!) e exercer outras funções, como prevê o mesmo cânon 230, §3.
4. Deve ficar claro, além disso, que as mencionadas funções litúrgicas são realizadas por 'encargo temporal' a juízo do Bispo, não existindo nenhum direito dos leigos para desempenhá-los, sejam estes homens ou mulheres"[5].

9.4. Ministérios extraordinários para suprir a falta de ministros ordenados

Quanto aos demais ministérios previstos para os leigos, em se tratando de suprir a falta de ministros ordenados, a legislação permite que se confira aos leigos a possibilidade de exercer alguns serviços próprios dos clérigos:

> *"Onde a necessidade da Igreja o aconselhar, podem também os leigos, na falta de ministros, mesmo não sendo leitores ou acólitos, suprir alguns de seus ofícios, a saber, exercer o ministério da palavra, presidir às orações litúrgicas, administrar o batismo e distribuir a sagrada Comunhão, de acordo com as prescrições do direito"* (cân. 230 §3).

A esse respeito, o Pontifício Conselho para a Interpretação dos Textos Legislativos respondeu a uma dúvida proposta, afirmando o caráter supletório desses ministérios para os leigos, isto é, o ministério dos leigos é sempre

[5] Cf. *Notitiae 30 (1994)*, p. 333-335; cf. Congregação para o Culto Divino e a Disciplina dos Sacramentos, Carta Circular *Credo doveroso* aos Reverendíssimos Presidentes das Conferências Episcopais sobre o serviço litúrgico dos leigos, Prot. 2482/93, 15 de março de 1994, in *Enchiridion Vaticanum 14* (1994-1995), p. 305-307.

extraordinário e, em havendo a presença de ministros ordinários, não há por que os leigos exercê-los. Assim, conclui-se a partir do conteúdo da dúvida e resposta:

> ***D.*** *Os ministros extraordinários da sagrada comunhão, designados à norma dos cânones 910, §2, e 230, §3, podem exercer sua função supletória inclusive estando presentes na igreja ministros ordinários que não estejam de algum modo impedidos, ainda que não participem na celebração eucarística?*
>
> ***R.*** *Negativamente*[6].

9.4.1. Ministério de suplência para batizar

É interessante observar que existem outras previsões de suplência de alguns serviços de ministros eclesiásticos que, conforme as necessidades, podem resultar na efetiva atuação ministerial de leigos. Um exemplo disso está no caso do Batismo, quando se indica que, na ausência ou impedimento do ministro ordinário, um catequista poderia ser designado para exercer esse ministério e, em caso de necessidade, qualquer pessoa pode batizar:

> *"Ministro ordinário do batismo é o Bispo, o presbítero e o diácono, mantendo-se a prescrição do cân. 530, n. 1"* (cân. 861, §1). *"Na ausência ou impedimento do ministro ordinário, o catequista ou outra pessoa para isso designada pelo Ordinário local pode licitamente batizar; em caso de necessidade, qualquer pessoa movida por reta intenção; os pastores de almas, principalmente o pároco, sejam solícitos para que os fiéis aprendam o modo certo de batizar"* (cân. 861, §2).

[6] Cf. AAS 80 (1988), 1373; EV 11 (1988-1989) 440-441, 1 de junho de 1988.

9.4.2. Ministério de suplência para distribuir a comunhão eucarística[7]

Outro exemplo está no ministério da sagrada comunhão, entendido aqui como distribuição da comunhão aos fiéis, já que o "ministro da Eucaristia" é aquele que celebra a Missa, nesse caso, somente um sacerdote (cf. cân. 900, §1). Mas, para a distribuição da comunhão, é prevista a concessão do ministério extraordinário para os leigos:

> *"Ministro ordinário da sagrada comunhão é o Bispo, o presbítero e o diácono"* (cân. 910 §1). *"Ministro extraordinário da sagrada comunhão é o acólito ou outro fiel designado de acordo com o cân. 230, §3"* (cân. 910, §2).

9.4.3. Ministério de suplência para um ministro da comunhão leigo levar a comunhão eucarística como viático

Mais uma vez, o caso de necessidade traz a previsão de que um ministro extraordinário da comunhão, portanto um leigo, possa suprir a obrigação de outros ministros ordinários de levar a comunhão como "Viático", isto é, para alguém que está morrendo:

---

[7] A esse respeito, veja-se também: Congregação para o Clero, Conselho Pontifício para os Leigos, Congregação para a Doutrina da Fé, Congregação para o Culto Divino e a Disciplina dos Sacramentos, Congregação para os Bispos, Congregação para a Evangelização dos Povos, Congregação para os Institutos de Vida Consagrada e as Sociedades de Vida Apostólica e Conselho Pontifício para a Interpretação dos Textos Legislativos, *Instrução acerca de algumas questões sobre a colaboração dos fiéis leigos no sagrado ministério dos sacerdotes*, de 15 de agosto de 1997, artigo 8. Ainda: Congregação para o Culto Divino e a Disciplina dos Sacramentos, Instrução *Redemptionis Sacramentum*, sobre algumas coisas que se devem observar e evitar acerca da Santíssima Eucaristia, de 25 de março de 2004, n. 154-160.

"Têm dever e direito de levar a santíssima Eucaristia como viático aos doentes o pároco e os vigários paroquiais, os capelães, como também o Superior da comunidade nos institutos religiosos clericais ou nas sociedades de vida apostólica, em relação a todos os que se encontram na casa" (cân. 911, §1). *"Em caso de necessidade ou com a licença ao menos presumida do pároco, do capelão ou do Superior, a quem se deve depois informar, deve fazê-lo qualquer sacerdote ou outro ministro da sagrada comunhão"* (cân. 911, §2).

9.4.4. Ministério de suplência para a exposição e reposição do Santíssimo Sacramento

Para a exposição e reposição do Santíssimo, para uma adoração, a Igreja permite que um ministro extraordinário da comunhão, em circunstâncias especiais, faça-o, não porém a bênção eucarística:

> *"Ministro da exposição do Santíssimo Sacramento e da bênção eucarística é o sacerdote ou diácono; em circunstâncias especiais, apenas da exposição e reposição, mas não da bênção, é o acólito, um ministro extraordinário da sagrada comunhão, ou outra pessoa delegada pelo Ordinário local, observando-se as prescrições do Bispo diocesano"* (cân. 943).

9.4.5. Possibilidade de conferir o ministério de suplência para leigos assistirem a matrimônios

Quanto ao matrimônio, levando-se em conta a especialidade da legislação que impõe que os católicos devem casar-se diante de um ministro habilitado pela Igreja para assistir ao matrimônio, mesmo que apenas um dos dois seja católico, há uma possibilidade de que algum leigo seja investido nesse ministério, mas as condições são muito precisas. Assim dispõe o Código:

> *"Onde faltam sacerdotes e diáconos, o Bispo diocesano, com o prévio voto favorável da conferência dos Bispos e obtida a licença da Santa Sé, pode delegar leigos para assistirem aos matrimônios, firme restando quanto disposto no cânon 1108, §3"* (cân. 1112, §1). *"Escolha-se um leigo idôneo, que seja capaz de formar os nubentes e de realizar convenientemente a liturgia do matrimônio"* (cân. 1112, §2).

Note-se que esse cânon 1112 teve sua redação alterada pelo *Motu Proprio De concordia inter Codices*, do Papa Francisco, de 31.5.2016, que acrescenta a menção ao cânon 1108, §3, que também é novo.

A possível delegação a leigos está regulamentada pela Instrução da Sagrada Congregação dos Sacramentos, de 15 de maio de 1974 (texto português em "Comunicado Mensal" da CNBB, n. 260, maio 1974, p. 335-337). É necessário que o Bispo diocesano obtenha as duas coisas: voto favorável da Conferência Episcopal e licença expressa da Santa Sé. Os leigos designados (sempre por um prazo fixo) têm um papel supletório, quer dizer, só atuam "licitamente", quando falta um ministro ordenado. Seria uma deturpação da finalidade dessa concessão confiar normalmente a celebração do matrimônio a esses leigos. Além disso, corre-se o perigo de diminuir o senso do caráter sagrado do matrimônio (Jesus Hortal, comentário ao cânon 112, in Código de Direito Canônico, Edições Loyola, 2022, p. 281-282).

É bastante claro que não se pode dar esse ministério sem as condições previstas; menos ainda que um presbítero ou diácono delegue alguém, um seminarista por exemplo, para realizar um casamento. Tal iniciativa carece de validade na realização do matrimônio, sobretudo se levarmos em conta o texto da legislação que impõe a forma canônica para o casamento:

> *"Somente são válidos os matrimônios contraídos perante o Ordinário local ou o pároco, ou um sacerdote ou diácono delegado por qualquer um dos dois como assistente, e além disso perante duas testemunhas, de acordo, porém, com as normas estabelecidas nos cânones seguintes, e salvas as exceções contidas nos cân. 144, 1112, §1, 1116 e 1127, §§1-2"* (cân. 1108, §1). *"Considera-se assistente do matrimônio somente aquele que, estando presente, solicita a manifestação do consentimento dos contraentes, e a recebe em nome da Igreja"* (cân. 1108, §2).

Esse cânon 1108 tem sua redação dada pelo *Motu Proprio De concordia inter Codices*, do Papa Francisco, de 31.5.2016, que incluiu um terceiro parágrafo com o seguinte texto:

> *"Somente o sacerdote assiste validamente ao matrimônio entre duas partes orientais ou entre uma parte latina e uma parte oriental católica ou não católica"* (cân. 1108, §3).

***

10. A Catequese

Antes de pensar propriamente no ministério dos catequistas, é necessário debruçar-se um pouco sobre o ministério catequético, entendido como um serviço da

Igreja, realizado pelos fiéis para a formação de outros fiéis. Dentre muitas possibilidades de definir o que seja a catequese, parece muito útil considerar a noção oferecida pelo Papa João Paulo II, em sua exortação pós-sinodal, sobre a catequese do nosso tempo. Por isso, partimos desta bela noção:

> *"Globalmente, pode-se partir da noção de que a catequese é uma educação da fé das crianças, dos jovens e dos adultos, a qual compreende especialmente um ensino da doutrina cristã, dado em geral de maneira orgânica e sistemática, com o fim de os iniciar na plenitude da vida cristã"* (Exortação Apostólica *"Catechesi Tradendae"*, 16.10.1979, n. 18). Sendo orgânica e sistemática, a Catequese necessita do uso de meios adequados para sua execução. Por isso o Código de Direito Canônico acentua essa necessidade no seguinte cânon: *"A formação catequética seja ministrada com o emprego de meios, subsídios didáticos e instrumentos de comunicação que pareçam mais eficientes, para que os fiéis, de modo adequado a sua índole, capacidade, idade e condições de vida, possam aprender mais plenamente a doutrina católica e melhor praticá-la"* (cân. 779).

Atingir a vida cristã é a finalidade da catequese, que se faz por meio de uma educação da fé, organizada de maneira sistemática. Na prática, é a noção que nos vem espontânea em nossa mente, apesar de que muitas vezes se cai no extremo de considerá-la apenas um aprendizado para o intelecto, outras vezes se cai no outro extremo de querer transformá-la em uma experiência apenas emocional e lúdica.

***

11. Os protagonistas da catequese especialmente segundo o Diretório Geral para a Catequese[8]

Outra consideração importante é a de que, já que a Catequese é uma educação da fé, dada de maneira orgânica e sistemática, necessariamente, constitui uma atividade que se desenvolve por intermédio de várias pessoas. Se levarmos em conta que os pais são os primeiros protagonistas da formação dos filhos, será natural também pensarmos nos pais como sendo os primeiros agentes da Catequese, como diz o Código de Direito Canônico:

> *"Os pais, tendo dado a vida aos filhos, têm a gravíssima obrigação e gozam do direito de educá-los; por isso é obrigação primordial dos pais cristãos cuidar da educação cristã dos filhos, segundo a doutrina transmitida pela Igreja"* (cân. 226, §2). *"Antes de quaisquer outros, os pais têm obrigação de formar, pela palavra e pelo exemplo, seus filhos na fé e na prática da vida cristã; semelhante obrigação têm aqueles que fazem as vezes dos pais, bem como os padrinhos"* (cân. 774, §2).

Porém, de maneira mais específica, falamos dos protagonistas que exercem o trabalho catequético de maneira eclesial, dentro da organização sistemática da Igreja. Entre muitas possíveis abordagens, a esse respeito, escolhemos algumas indicações tiradas do Diretório para a Catequese, do Pontifício Conselho para a Promoção da Nova Evangelização, de 23 de março de 2020.

---

[8] Utilizamos aqui, principalmente, o Diretório Geral para a Catequese, mas apenas a título de mostrar a continuidade de uma compreensão. É importante lembrar que o texto mais atualizado é o Diretório para a Catequese, do Pontifício Conselho para a Nova Evangelização, de 23 de março de 2020.

11.1. A catequese e a comunidade cristã

Toda a comunidade cristã é responsável pelo ministério da catequese, mas cada um conforme a sua condição particular na Igreja: ministros ordenados, pessoas consagradas, fiéis leigos... O catequista pertence a uma comunidade cristã e dela é expressão. Seu serviço é vivido dentro de uma comunidade, que é o primeiro sujeito de acompanhamento na fé (cf. Pontifício Conselho para a Promoção da Nova Evangelização, Diretório para a Catequese, 111). *"A solicitude pela catequese, sob a direção da legítima autoridade eclesiástica, é responsabilidade de todos os membros da Igreja, cada um segundo as suas funções"* (cân. 774, §1).

11.2. A catequese e o Bispo

> *"O Bispo é o primeiro locutor a anunciar o Evangelho por meio das palavras e do testemunho da vida e, como primeiro responsável pela catequese na diocese tem a função principal, juntamente com a pregação, de promover a catequese e predispor as diferentes formas de catequese necessárias aos fiéis segundo os princípios e normas emanadas da Sé Apostólica"* (Pontifício Conselho para a Promoção da Nova Evangelização, Diretório para a Catequese, 114). *"Observadas as prescrições dadas pela Sé Apostólica, compete ao Bispo diocesano estabelecer normas sobre a catequese e providenciar que estejam disponíveis adequados instrumentos de catequese, publicando também um catecismo, se isso parecer oportuno, e ainda favorecer e coordenar as iniciativas catequéticas"* (cân. 775, §1).

11.3. A catequese e as Conferências episcopais

"Compete à Conferência episcopal, se o julgar oportuno, procurar que se publiquem catecismos para o seu território, com a confirmação prévia da Sé Apostólica" (cân. 775, §2)[9]. *"Pode-se criar, junto à Conferência dos Bispos, um departamento de catequese, cuja função principal seja auxiliar cada diocese em matéria catequética"* (cân. 775, §3).

11.4. A catequese e os presbíteros

"O presbítero, como primeiro colaborador do Bispo e por seu envio, na qualidade de educador da fé, tem a responsabilidade de animar, coordenar e dirigir a atividade catequética da comunidade que lhe foi confiada" (Pontifício Conselho para a Promoção da Nova Evangelização, Diretório para a Catequese, 115). *"É dever próprio e grave, sobretudo dos pastores de almas, cuidar da catequese do povo cristão, para que a fé dos fiéis, pelo ensino da doutrina e pela experiência da vida cristã, se torne viva, explícita e atuante"* (cân. 773).

11.5. A catequese e as paróquias

"As paróquias manifestam o rosto do povo de Deus que está aberto a todos, sem juízo de pessoas. Elas são 'o ambiente ordinário no qual se nasce e se cresce na fé. Constitui, por isso, um espaço comunitário muito adequado a fim de que o ministério da Palavra realizado nesta, seja, contemporaneamente ensinamento, educação e experiência vital'" (Pontifício Conselho para a Promoção da Nova Evangelização, Diretório para a Catequese, 299).

[9] Pelo art. 8 da Carta Apostólica *"Competentias quasdam decernere"*, em forma de *"Motu Proprio"* do Sumo Pontífice Francisco, de 11.2.2022, foi modificado o § 2 do cânon 775 do Código de Direito Canônico: sobre a publicação de catecismos pela Conferência episcopal para seu próprio território, substituindo o termo *"aprovação"* pelo termo *"confirmação"*, ficando com o atual texto.

11.6. A catequese e o pároco

"O pároco é o primeiro catequista da comunidade paroquial. A missão do pároco na catequese, e do presbítero em geral, é: *a) dedicar-se com empenho competente e generoso com a catequese dos fiéis confiados ao seu cuidado pastoral, aproveitando todas as oportunidades que são oferecidas pela vida paroquial e pelo ambiente sociocultural para proclamar o Evangelho;*
b) Cuidar do vínculo entre catequese, liturgia e caridade, especialmente valorizando o domingo como o dia do Senhor e da comunidade cristã;
c) despertar na comunidade um senso de responsabilidade para com a catequese e discernir vocações específicas nesse sentido, expressando gratidão e promovendo o serviço oferecido pelos catequistas;
d) assegurar a estrutura da catequese, integrada ao projeto pastoral da comunidade, contando com a colaboração dos catequistas. É bom vivenciar as diversas etapas de análise, planejamento, escolha de instrumentos, implementação e avaliação;
e) assegurar a relação entre a catequese em sua própria comunidade e o programa pastoral diocesano, evitando todas as formas de subjetivismo no exercício do ministério sagrado;
f) como catequista dos catequistas, cuidar da formação deles, dedicando a essa atividade a máxima solicitude e acompanhando-os no amadurecimento da fé; valorizando o grupo de catequistas com espírito de comunhão e corresponsabilidade necessárias para uma autêntica formação" (Pontifício Conselho para a Promoção da Nova Evangelização, Diretório para a Catequese, 116).

O Código de Direito Canônico apresenta a obrigação do pároco quanto à catequese da seguinte maneira:

"Em virtude de seu ofício, o pároco tem obrigação de cuidar da formação catequética de adultos, jovens e crianças; para isto, sirva-se da colaboração dos clérigos ligados à sua paró-

quia, dos membros de institutos de vida consagrada ou de sociedades de vida apostólica, levando em conta a índole de cada instituto; sirva-se também da colaboração dos leigos, sobretudo catequistas; todos esses, a não ser que estejam legitimamente impedidos, não deixem de prestar de boa vontade seu trabalho. Promova e favoreça a tarefa dos pais na catequese familiar, mencionada no cân. 774, § 2" (cân. 776).

"Levando em conta as normas estabelecidas pelo Bispo diocesano, o pároco cuide de modo especial:

1° - que se dê catequese adequada para a celebração dos sacramentos;

2° - que as crianças, pela formação catequética ministrada durante tempo conveniente, sejam devidamente preparadas para a primeira recepção dos sacramentos da penitência e da santíssima Eucaristia e para o sacramento da confirmação;

3° - que elas, recebida a primeira comunhão, tenham formação catequética mais extensa e mais profunda;

4° - que se dê formação catequética também aos deficientes mentais e físicos, segundo o permita a condição deles;

5° - que a fé dos jovens e adultos seja fortalecida, esclarecida e aperfeiçoada mediante formas e iniciativas diversas" (cân. 777).

Também o cânon referente à missão de ensinar do pároco faz menção explícita à formação catequética como sendo sua obrigação:

"O pároco tem a obrigação de fazer com que a palavra de Deus seja integralmente anunciada aos que vivem na paróquia; cuide, portanto, que os fiéis sejam instruídos nas verdades da fé, principalmente através da homilia, que deve ser feita nos domingos e festas de preceito, e mediante a instrução catequética que se deve dar. Estimule obras que promovam o espírito evangélico, também no que se refere a justiça social. Tenha especial cuidado com a educação católica das crianças e jovens. Procure com todo o empenho, associando a si o trabalho dos fiéis, que o anúncio evangélico chegue também aos que se afastaram da prática da religião ou que não professam a verdadeira fé" (cân. 528, §1).

11.7. A catequese e os diáconos

"Os diáconos devem estar envolvidos nos programas da catequese, nos âmbitos diocesano e paroquial, especialmente no que diz respeito às iniciativas relacionadas ao primeiro anúncio. Eles também são chamados a anunciar a Palavra no seu âmbito profissional, quer mediante a palavra explícita, quer só com a presença ativa nos lugares onde se forma a opinião pública ou onde se aplicam as normas éticas, como os serviços sociais, os serviços a favor dos direitos da família, da vida, etc." (cf. Pontifício Conselho para a Promoção da Nova Evangelização, Diretório para a Catequese, 117).

11.8. A catequese e os consagrados

"A catequese representa um terreno privilegiado do apostolado dos consagrados... A primeira tarefa da vida consagrada é tornar visíveis as maravilhas que Deus realiza na frágil humanidade das pessoas chamadas. Mais do que com as palavras, elas testemunham essas maravilhas com a linguagem eloquente de uma existência transfigurada, capaz de suscitar a admiração do mundo. A primeira catequese que interpela é a própria vida dos consagrados, que, vivendo a radicalidade evangélica, são testemunhas da plenitude que a vida em Cristo torna possível" (Pontifício Conselho para a Promoção da Nova Evangelização, Diretório para a Catequese, 119).

11.9. Catequistas leigos

"A vocação ao ministério da catequese nasce do sacramento do Batismo e é fortalecida pela Confirmação, Sacramentos mediante os quais o leigo participa do múnus sacerdotal, profético e régio de Cristo. Além da vocação comum ao apostolado, alguns fiéis se sentem chamados por Deus a assumir a missão de catequistas na comunidade cristã, a serviço de uma catequese mais orgânica

e estruturada. Esse chamado pessoal de Jesus Cristo e a relação com Ele são o verdadeiro motor da ação do catequista: Desse amoroso conhecimento de Cristo nasce irresistível o desejo de anunciá-lo, de evangelizar e de levar outros ao sim da fé em Jesus Cristo. A Igreja suscita e discerne essa vocação divina e confere a missão de catequizar... Às vezes, o catequista pode colaborar com o serviço da catequese por um período limitado da sua vida, ou até mesmo simplesmente ocasional: apesar disso, trata-se sempre de um serviço e de uma colaboração preciosa. A importância do ministério da catequese, todavia, aconselha que, na diocese, exista um certo número de religiosos e de leigos estável e generosamente dedicados à catequese, reconhecidos publicamente, os quais, em comunhão com os sacerdotes e o Bispo, contribuem a dar a este serviço diocesano a configuração eclesial que lhe é própria" (cf. Pontifício Conselho para a Promoção da Nova Evangelização, Diretório para a Catequese, 121-123).

***

12. O papel dos catequistas nas missões[10]

A atividade propriamente missionária é aquela pela qual a Igreja é implantada entre os povos ou grupos onde ainda não se tenha enraizado. A Igreja a cumpre especialmente enviando pregadores do Evangelho, até que as novas Igrejas estejam plenamente constituídas, isto é, até

[10] *"Tal finalidade compreende **diversos aspectos** e sua consecução se exprime em **múltiplas formas**, definidas pelas exigências das comunidades e pelo discernimento dos Bispos. Por este motivo, a fim de evitar incompreensões, é preciso ter presente que o termo 'catequista' indica realidades diferentes entre si em relação ao contexto eclesial no qual é utilizado. Os Catequistas nos territórios de missão se diferenciam daqueles que trabalham na Igrejas de antiga tradição. Além disso, mesmo as experiências individuais determinam características e modalidades de ação muito diversificadas, tanto que tornam difícil fazer uma descrição unitária e sintética"* (Congregação para o Culto Divino e a Disciplina dos Sacramentos, *Carta aos Presidentes das Conferências dos Bispos sobre o Rito de Instituição dos Catequistas*, 3 de dezembro de 2021, Prot. N. 627/21, n. 5).

que estejam dotadas de forças próprias e de meios suficientes com que possam realizar, por si mesmas, o trabalho da evangelização (cf. cân. 786). Nesse contexto, torna-se indispensável e verdadeiramente especial a presença dos catequistas nesses territórios de missão. Por isso o Código de Direito Canônico tem uma consideração bastante importante para o envio e preparação dos catequistas:

> *"Para a realização da obra das missões, sejam assumidos catequistas, isto é, fiéis leigos que sejam devidamente instruídos e se distingam pela vivência cristã, os quais, sob a coordenação do missionário, se dediquem inteiramente à apresentação da doutrina evangélica e à direção dos exercícios litúrgicos e das obras de caridade"* (cân. 785, §1). *"Os catequistas sejam formados em escolas para isso destinadas ou, onde não existirem, sob a direção dos missionários"* (cân. 785, §2).

***

13. O caminho para o ministério instituído dos catequistas: a abertura para ministérios não ordenados na *Evangelii Nuntiandi*

A exortação apostólica, do Papa Paulo VI, *Evangelii Nuntiandi*, que continua sendo uma referência para a missão evangelizadora da Igreja, acentua a índole secular da missão dos leigos na Igreja, mas também se refere à abertura para que os leigos possam exercer também ministérios dentro da comunidade eclesial. O texto vislumbra, ao lado dos ministérios ordenados, também os ministérios não ordenados. O Papa fala de novos ministérios e cita literalmente o ministério de catequistas. Por fim, o Pontífice afirma um profundo sentimento de gratidão aos leigos que se dedicam ao serviço na Igreja:

> *"Assim, a presença ativa dos leigos nas realidades temporais assume toda a sua importância. No entanto, é preciso não descurar ou não deixar no esquecimento outra dimensão: os leigos podem também sentir-se chamados ou vir a ser chamados para colaborar com os próprios Pastores ao serviço da comunidade eclesial, para o crescimento e a vida da mesma, pelo exercício dos ministérios muito diversificados, segundo a graça e os carismas que o Senhor houver por bem depositar neles. (...)*
> *É certo que, ao lado dos ministérios ordenados, graças aos quais alguns fiéis são colocados na ordem dos Pastores e passam a consagrar-se de uma maneira particular ao serviço da comunidade, a Igreja reconhece também o lugar de ministérios não ordenados, e que são aptos para assegurar um especial serviço da mesma Igreja.*
> *Tais ministérios virão a ter um verdadeiro valor pastoral na medida em que se estabelecerem com um respeito absoluto da unidade e aproveitando-se da orientação dos Pastores, que são precisamente os responsáveis e os artífices da mesma unidade da Igreja. (...)*
> *Tais ministérios, novos na aparência mas muito ligados a experiências vividas pela Igreja ao longo da sua existência, por exemplo, os de catequistas, de animadores da oração e do canto, de cristãos devotados ao serviço da Palavra de Deus ou à assistência aos irmãos em necessidade, ou ainda os de chefes de pequenas comunidades, de responsáveis por movimentos apostólicos, ou outros responsáveis, são preciosos para a implantação, para a vida e para o crescimento da Igreja e para a sua capacidade de irradiar a própria mensagem à sua volta e para aqueles que estão distantes. Nós somos devedores também da nossa estima particular a todos os leigos que aceitam consagrar uma parte do seu tempo, das suas energias e às vezes mesmo a sua vida*

toda, ao serviço das missões" (Paulo VI, Exortação Apostólica *Evangelii Nuntiandi*, 08.12.1975, n. 73).

13.1. O ministério ainda não instituído formalmente na *Catechesi Tradendae*

Na exortação apostólica *Catechesi Tradendae*, João Paulo II apresenta uma consciência de que o ministério dos catequistas é ainda um caminho a ser percorrido. Ele o chama de desafio à nossa responsabilidade de pastores. O texto parece ainda não falar da catequese como um ministério instituído. Pelo contrário, afirma que não é instituído, mas que é uma função de grandíssima importância na Igreja e que devemos ser reconhecidos a Deus pelo papel desempenhado pelos leigos na catequese:

> *"Este fato, do papel reconhecido aos leigos na catequese, pelo qual devemos estar reconhecidos ao Senhor, constitui um desafio à nossa responsabilidade de Pastores. Esses catequistas leigos, com efeito, têm de ser cuidadosamente formados para o seu papel que, se não é um ministério formalmente instituído, é pelo menos uma função de grandíssima importância na Igreja"* (João Paulo II, Exortação Apostólica *Catechesi Tradendae*, 16.10.1979, n. 71).

13.2. Os ministérios e a clericalização na *Christifideles laici*

A exortação apostólica *Christifideles laici*, de João Paulo II, foi a conclusão da Sétima Assembleia Geral Ordinária do Sínodo dos Bispos, de 1987, que teve como tema: A vocação e a missão dos leigos na Igreja e no mundo. Nela não encontramos a abertura explícita à instituição do ministérios dos catequistas. Parece que prevalecia uma preocupação com a possível confusão entre os ministérios conferidos aos leigos e algum tipo de clericalização dos leigos.

13.2.1. Reconhecimento e promoção dos ofícios e funções dos fiéis leigos

"A missão salvífica da Igreja no mundo realiza-se, não só pelos ministros, que o são em virtude do sacramento da Ordem, mas também por todos os fiéis leigos: estes, com efeito, por força da sua condição batismal e da sua vocação específica, na medida própria e cada um, participam no múnus sacerdotal, profético e real de Cristo. Por isso, os pastores devem reconhecer e promover os ofícios e as funções dos fiéis leigos, que têm o seu ***fundamento sacramental no Batismo e na Confirmação****, bem como, para muitos deles,* ***no Matrimônio****"* (João Paulo II, Exortação Apostólica *Christifideles laici*, 30.12.1988, n. 23).

13.2.2. A suplência por leigos de certos ofícios e funções do ministério dos pastores

"E, quando a necessidade ou a utilidade da Igreja o pedir, os pastores podem, segundo as normas estabelecidas pelo direito universal, confiar aos fiéis leigos certos ofícios e certas funções que, embora ligadas ao seu próprio ministério de pastores, não exigem, contudo, o caráter da Ordem. O Código de Direito Canónico escreve: 'Onde as necessidades da Igreja o aconselharem, por falta de ministros, os leigos, mesmo que não sejam leitores ou acólitos, podem suprir alguns ofícios, como os de exercer o ministério da palavra, presidir às orações litúrgicas, conferir o Batismo e distribuir a Sagrada Comunhão, segundo as prescrições do direito'. Todavia, ***o exercício de semelhante tarefa não transforma o fiel leigo em pastor****: na realidade, o que constitui o ministério não é*

a tarefa, mas a ordenação sacramental. Só o sacramento da Ordem confere ao ministro ordenado uma peculiar participação no ofício de Cristo, Chefe e Pastor, e no Seu sacerdócio eterno. A tarefa que se exerce como suplente recebe a sua legitimidade, formalmente e imediatamente, da delegação oficial que lhe dão os pastores e, no seu exercício concreto, submete-se à direção da autoridade eclesiástica" (João Paulo II, Exortação Apostólica *Christifideles laici,* 30.12.1988, n. 23).

13.2.3. Apreço dos padres sinodais pela contribuição dos leigos

"A recente Assembleia sinodal perspectivou um vasto e significativo panorama da situação eclesial acerca dos ministérios, ofícios e funções dos batizados. Os Padres manifestaram vivo apreço pelo notável contributo apostólico dos fiéis leigos, homens e mulheres, pelos seus carismas e por toda a sua ação em favor da evangelização, da santificação e da animação cristã das realidades temporais. Ao mesmo tempo, foi muito apreciado o seu serviço ordinário nas comunidades eclesiais e a sua generosa disponibilidade para a suplência em situações de emergência e de necessidades crónicas.

Na sequência da renovação litúrgica promovida pelo Concílio, os próprios fiéis leigos, tomando mais viva consciência das tarefas que lhes pertencem na assembleia litúrgica e na sua preparação, tornaram-se largamente disponíveis no seu desempenho: a celebração litúrgica, com efeito, é uma ação sagrada, não só do clero, mas de toda a assembleia. É, portanto, natural que as tarefas que não são exclusivas dos ministros ordenados, sejam desempenhadas pelos fiéis leigos. Torna-se assim espontânea a passagem de um efetivo envolvimento dos fiéis leigos na ação litúrgica para o anúncio da Palavra de Deus e para a cura pastoral" (João Paulo II, Exortação Apostólica *Christifideles laici*, 30.12.1988, n. 23).

13.2.4. Preocupações com a confusão do termo "ministério" e com o nivelamento entre sacerdócio comum e sacerdócio ministerial

"Na mesma Assembleia sinodal, porém, não faltaram, ao lado dos positivos, pareceres críticos sobre o uso indiscriminado do termo 'ministério', a confusão e o nivelamento entre sacerdócio comum e sacerdócio ministerial, a pouca observância de leis e normas eclesiásticas, a interpretação arbitrária do conceito de 'suplência', uma certa tolerância por parte da própria autoridade legítima, a 'clericalização' dos fiéis leigos e o risco de se criar de fato uma estrutura eclesial de serviço, paralela à fundada no sacramento da Ordem.

Precisamente para obviar tais perigos, os Padres sinodais insistiram na necessidade de serem expressas com clareza, até na própria terminologia, quer a ***unidade de missão*** *da Igreja, em que participam todos os batizados, quer a* ***diversidade*** *substancial do ministério dos pastores, radicado no sacramento da Ordem, em relação com os outros ofícios e as outras funções eclesiais, radicados nos sacramentos do Batismo e da Confirmação.*

É, pois, necessário, em primeiro lugar, que os pastores, ao reconhecer e ao conferir aos fiéis leigos os vários ministérios, ofícios e funções, tenham o máximo cuidado em instruí-los sobre a raiz batismal destas tarefas. Igualmente, os pastores deverão zelar para que se evite um recurso fácil e abusivo a presumíveis 'situações de emergência' ou de « necessária suplência », onde objetivamente não existam ou onde é possível remediar com uma programação pastoral mais racional.

Os vários ofícios e funções que os fiéis leigos podem legitimamente desempenhar na liturgia, na transmissão da fé e nas estruturas pastorais da Igreja, deverão ser exercidos ***em conformidade com a sua específica vocação laical****, diferente da dos ministros sagrados. Nesse sentido, a Exortação* ***Evangelii nuntiandi****, que teve tanto e tão benéfico mérito em estimular a diversificada colaboração dos fiéis leigos na vida e na missão evangelizadora da Igreja, lembra que 'o campo próprio da sua atividade evangelizadora é o mesmo mundo vasto e complicado da política, da* *realidade social e da economia, como também o da cultura, das ciências e das artes, da vida internacional, dos mass-media e, ainda, outras realidades abertas para a evangelização, como sejam, o amor, a família, a educação das crianças e dos adolescentes, o trabalho profissional e o sofrimento. Quantos mais leigos houver impregnados do Evangelho, responsáveis em relação a tais realidades e comprometidos claramente nas mesmas, competentes para as promover e conscientes de que é necessário fazer desabrochar a sua capacidade cristã, muitas vezes escondida e asfixiada, tanto mais essas realidades, sem nada perderem ou sacrificarem do próprio coeficiente humano, mas patenteando uma dimensão transcendente para o além, não raro desconhecida, se virão a encontrar ao serviço da edificação do Reino de Deus e, por conseguinte, da salvação em Jesus Cristo'"* (João Paulo II, Exortação Apostólica *Christifideles laici,* 30.12.1988, n. 23).

13.2.5. Trabalhos futuros em torno dos ministérios de Leitor e Acólito e outros

"Durante os trabalhos do Sínodo, os Padres dedicaram bastante atenção ao Leitorado e ao Acolitado. Enquanto, no passado, eles existiam na Igreja Latina apenas como etapas espirituais do itinerário para os ministérios ordenados, com o Motu Próprio de Paulo VI, ***Ministeria quaedam*** *(15 de agosto de 1972) eles adquiriram uma própria autonomia e estabilidade, bem como uma sua possível destinação aos próprios fiéis leigos, se bem que exclusivamente para os homens. No mesmo sentido se expressou o novo Código de Direito Canónico. Agora, os Padres sinodais manifestaram o desejo de que 'o Motu Próprio* ***Ministeria quaedam*** *fosse revisto, tendo em conta o uso das Igrejas locais e sobretudo indicando os critérios segundo os quais se devam escolher os destinatários de cada ministério'.*

Em tal sentido foi constituída expressamente uma comissão, não só para responder a este desejo manifestado pelos Padres sinodais, mas também e ainda mais para estudar de modo aprofundado os diversos problemas teológicos, litúrgicos, jurídicos e pastorais levantados pelo atual grande florescimento de ministérios confiados aos fiéis leigos.

Esperando que a Comissão conclua o seu estudo, para que a praxe eclesial dos ministérios confiados aos fiéis leigos resulte ordenada e frutuosa, deverão ser fielmente respeitados por todas as Igrejas particulares os princípios teológicos atrás recordados, em particular a diversidade essencial entre o sacerdócio ministerial e o sacerdócio comum e, consequentemente, a diversidade entre os ministérios derivados do Sacramento da Ordem e os ministérios derivados dos sacramentos do Batismo e da Confirmação" (João Paulo II, Exortação Apostólica *Christifideles laici,* 30.12.1988, n. 23).

13.3. A missão específica de transmitir a fé segundo o Diretório Geral para a Catequese

"Ainda que toda a comunidade cristã seja responsável pela catequese, e ainda que todos os seus membros devam dar testemunho da fé, somente alguns recebem o mandato eclesial de ser catequistas. Juntamente com a missão originária que têm os genitores em relação a seus filhos, a Igreja confere oficialmente, a determinados membros do Povo de Deus, especificamente chamados, a delicada missão de transmitir a fé, no seio da comunidade" (Congregação para o Clero, *Diretório Geral para a Catequese*, 15.08.1997, n. 221).

13.4. A decisão da CNBB de criar o ministério da catequese

Contemplando os desafios que a Igreja é chamada a enfrentar no contexto atual e a vitalidade que a catequese vem experimentando no Brasil, pareceu bem à Conferência Nacional dos Bispos do Brasil, quando da aprovação do Diretório Nacional de Catequese, em 2005, possibilitar a criação do “Ministério da Catequese”. Portanto, para a CNBB, desde essa época, os Bispos decidiram que, aos catequistas reconhecidamente eficientes como educadores da fé de adultos, jovens e crianças, e dispostos a se dedicarem por um tempo razoável à atividade catequética na comunidade, pode ser conferido oficialmente o ministério da catequese (cf. Conferência Nacional dos Bispos do Brasil, *Ministério de Catequista*, Estudos da CNBB n. 95, p. 39).

***

14. A instituição do ministério laical de catequista no *motu proprio Antiquum Ministerium*

Olhando agora mais detalhadamente para a determinação do Papa Francisco, na Carta Apostólica dada sob forma de *motu próprio Antiquum Ministerium*, de 10 de maio de 2021, podemos contemplar melhor qual seja a motivação e o alcance dessa disposição nova de instituir o ministério laical dos Catequistas.

14.1. Um ministério tipicamente laical

O Papa faz uma afirmação de que se trata de uma maneira de acentuar o empenho missionário, que é próprio de cada batizado, desempenhado, porém, de forma plenamente secular, sem qualquer tipo de *“clericalização”*. De fato, quando falamos em ministério na Igreja, imediatamente nos vem à mente alguém com uma veste diferente, ocupando um lugar de destaque em uma assembleia eclesial. Não deixa de acontecer isso quando pensamos em um ministro da comunhão, ou do batismo, mesmo um leitor ou acólito. A esse respeito, o Papa assim se expressa:

> *"Por conseguinte, receber um ministério laical como o de Catequista imprime uma acentuação maior ao empenho missionário típico de cada um dos batizados que, no entanto, deve ser desempenhado de forma plenamente secular, sem cair em qualquer tentativa de clericalização"* (Francisco, Carta Apostólica dada sob forma de *motu próprio Antiquum Ministerium*, 10.05.2021, Tipografia Vaticana, n. 7, p. 12).

14.2. Um ministério que não é para todos os catequistas

O Papa Francisco esclarece que não está extinguindo a missão dos catequistas que não recebem o ministério. Trata-se de uma valorização do ministério catequético, mais do que uma forma de dar destaque ou premiar os catequistas. O serviço (ministério) é o que mais importa. Tanto quanto temos os ministérios instituídos de Leitor e Acólito, mas a imensa maioria dos que leem e servem ao altar não foram e não serão instituídos como Leitores e Acólitos; assim também não se pretende restringir o serviço catequético somente a quem for instituído como Catequista. Há três expressões do Papa que mostram isso: *"valência vocacional"*, *"que requer o devido discernimento por parte do bispo"* e *"de acordo com as exigências pastorais identificadas pelo Ordinário do lugar"*. Como vocação significa "chamado", a pessoa não se oferece, mas é chamada. Quem deve discernir sobre o chamado, além da pessoa que se sente chamada, é o Bispo. E esse chamado se refere às exigências pastorais, identificadas pela autoridade eclesiástica (Ordinário local). O texto em questão diz o seguinte:

"Este ministério possui uma forte valência vocacional, que requer o devido discernimento por parte do Bispo e se evidencia com o Rito de instituição. De fato, é um serviço estável prestado à Igreja local de acordo com as exigências pastorais identificadas pelo Ordinário do lugar, mas desempenhado de maneira laical como exige a própria natureza do ministério" (Francisco, Carta Apostólica dada sob forma de *motu próprio Antiquum Ministerium*, 10.05.2021, Tipografia Vaticana, n. 8, p. 12).

14.3. As condições para se receber a instituição do ministério laical de Catequista

Na carta apostólica, o Papa descreve qual é o perfil desejado e necessário para quem vai receber a instituição como Catequista:

"Convém que, ao ministério instituído de Catequista, sejam chamados homens e mulheres de fé profunda e maturidade humana, que tenham uma participação ativa na vida da comunidade cristã, sejam capazes de acolhimento, generosidade e vida de comunhão fraterna, recebam a devida formação bíblica, teológica, pastoral e pedagógica, para ser solícitos comunicadores da verdade da fé, e tenham já maturado uma prévia experiência de catequese. Requer-se que sejam colaboradores fiéis dos presbíteros e diáconos, disponíveis para exercer o ministério onde for necessário e animados por verdadeiro entusiasmo apostólico" (Francisco, Carta Apostólica dada sob forma de *motu próprio Antiquum Ministerium*, 10.05.2021, Tipografia Vaticana, n. 8, p. 13).

Para enumerar melhor essas condições, podemos colocá-la em uma lista sequencial:

- homens e mulheres;
- de fé profunda e maturidade humana;

- tenham uma participação ativa na vida da comunidade cristã;
- sejam capazes de acolhimento, generosidade e vida de comunhão fraterna;
- recebam a devida formação bíblica, teológica, pastoral e pedagógica, para ser solícitos comunicadores da verdade da fé;
- tenham já maturado uma prévia experiência de catequese;
- sejam colaboradores fiéis dos presbíteros e diáconos,
- sejam disponíveis para exercer o ministério onde for necessário e animados por verdadeiro entusiasmo apostólico.

14.4. As determinações do Papa na Instituição do Ministério laical de Catequista

Ao final do documento, o Papa Francisco coloca a parte dispositiva da carta apostólica, pela qual empenha sua autoridade em determinar que, daí em diante, estará instituído na Igreja o ministério do Catequista. Ele determina que a Congregação para o Culto Divino e a Disciplina dos Sacramentos deverá providenciar a publicação do Rito litúrgico para a instituição do ministério. Também estabelece que as Conferências Episcopais deverão determinar qual será o processo formativo para os que vão receber o ministério instituído, bem como os critérios normativos para o discernimento e escolha dos futuros ministros instituídos. A parte do texto correspondente é a seguinte:

> *"Assim, depois de ter ponderado todos os aspectos, em virtude da autoridade apostólica,* ***instituo o ministério laical de Catequista.***
> *A Congregação para o Culto Divino e a Disciplina dos Sacramentos providenciará, dentro em breve, a publicação do Rito de Instituição do ministério laical de Catequista.*

9. Convido, pois, as Conferências Episcopais a tornarem realidade o ministério de Catequista, estabelecendo o iter formativo necessário e os critérios normativos para o acesso ao mesmo, encontrando as formas mais coerentes para o serviço que estas pessoas serão chamadas a desempenhar em conformidade com tudo o que foi expresso por esta Carta Apostólica.

10. Os Sínodos das Igrejas Orientais ou as Assembleias dos Hierarcas poderão receber quanto aqui estabelecido para as respetivas Igrejas sui iuris, com base no próprio direito particular.

11. Os Pastores não cessem de abraçar esta exortação que lhes recordavam os Padres conciliares: «Sabem que não foram instituídos por Cristo para se encarregarem por si sós de toda a missão salvadora da Igreja para com o mundo, mas que o seu cargo sublime consiste em pastorear de tal modo os fiéis e de tal modo reconhecer os seus serviços e carismas, que todos, cada um segundo o seu modo próprio, cooperem na obra comum». O discernimento dos dons que o Espírito Santo nunca deixa faltar à sua Igreja seja para eles o apoio necessário para tornar concreto o ministério de Catequista para o crescimento da própria comunidade" (Francisco, Carta Apostólica dada sob forma de *motu próprio Antiquum Ministerium,* 10.05.2021, Tipografia Vaticana, n. 8-11, p. 13-14).

***

15. A Carta da Congregação para o Culto Divino e a Disciplina dos Sacramentos aos Bispos sobre o Rito de Instituição dos Catequistas

Conforme a determinação do Papa Francisco, na Carta Apostólica *Antiquum Ministerium*, a Congregação para o Culto Divino e a Disciplina dos Sacramentos deveria elaborar e publicar o Rito para a instituição do ministério laical dos Catequistas. No dia 3 de dezembro de 2021, o referido dicastério publicou o Ritual e também uma carta aos Presidentes da Conferências dos Bispos dando algumas indicações sobre o ministério laical de Catequista[11], que queremos estudar com a devida calma.

15.1. Definição do ministério de Catequista

Antes de tudo, a Congregação oferece uma bela definição do que seja o ministério instituído de catequista:

> *"O ministério de Catequista é um serviço estável oferecido à Igreja local segundo as exigências pastorais individuadas pelo Ordinário do lugar, mas desenvolvido de maneira laical como requerido pela própria natureza do ministério: que se apresenta amplo e diferenciado"* (Congregação para o Culto Divino e a Disciplina dos Sacramentos, *Carta aos Presidentes das Conferências dos Bispos sobre o Rito de Instituição dos Catequistas*, 3 de dezembro de 2021, Prot. N. 627/21, n. 1).

Trocando em miúdos, pode-se dizer que o ministério de Catequista é marcado pela ***ministerialidade*** (serviço), ***estabilidade*** (por isso é instituído), ***eclesialidade*** (oferecido à Igreja local), ***vocação*** (quem identifica as exigências é o Ordinário local) e ***laicidade*** (porque o ministro não é ordenado, mas também porque é exercido fora do âmbito celebrativo).

[11] Cf. Congregação para o Culto Divino e a Disciplina dos Sacramentos, *Carta aos Presidentes das Conferências dos Bispos sobre o Rito de Instituição dos Catequistas*, 3 de dezembro de 2021, Prot. N. 627/21.

15.2. Um ministério de leigos

A afirmação de que se trata de um ministério laical, por um lado, acentua que o Rito da Instituição não muda a condição de quem é instituído, por outro lado, também acentua o caráter do serviço catequético como sendo uma atividade realizada fora da celebração da assembleia. O serviço da caridade, também pode ser visto como um ministério, embora não seja instituído, mas não se realiza necessariamente no ambiente da celebração. Isso faz pensar que se trata de uma verdadeira valorização do serviço catequético, muito mais do que subtrair uma pessoa do ambiente celebrativo para colocá-la mais à frente dos outros. Isso não deveria fazer ninguém se sentir diminuído ou honrado. Existem muitos ofícios importantes para a condução da vida da Igreja que não são exercidos no ambiente celebrativo (ecônomo, chanceler, juiz etc.). Nessa mesma linha, se poderia talvez pensar nos que ensinam ciências sagradas nos seminários, e que podem também ser leigos. Eles desempenham um serviço extremamente importante, que é um ofício eclesiástico, e que se exerce fora do ambiente celebrativo. Atualmente, existe a concessão do mandato (*missio canonica*) para que um professor possa ensinar ciências sagradas em nome da Igreja. Isso pode ou não ocorrer em uma celebração eucarística. Mas, considerando o ministério instituído dos catequistas, não poderia esse ofício um dia ser transformado em um ministério instituído? O ministério laical instituído para os catequistas não poderia ser uma inspiração? Quem sabe!

Em todo caso, o texto da Congregação para o Culto Divino e a Disciplina dos Sacramentos diz o seguinte:

> *"Antes de tudo é necessário sublinhar que se trata de um* ***ministério laical*** *que tem por fundamento a comum condição de batizado e o sacerdócio real recebido no Sacramento do Batismo e é essencialmente distinto do ministério ordenado que se recebe com o Sacramento da Ordem"* (Congregação para o Culto Divino e a Disciplina dos Sacramentos, *Carta aos Presidentes das Conferências dos Bispos sobre o Rito de Instituição dos Catequistas*, 3 de dezembro de 2021, Prot. N. 627/21, n. 2).

15.3. Um ministério estável

Há dois elementos importantes na estabilidade desse ministério. O primeiro é que ele é conferido mediante instituição, à semelhança dos ministérios de leitor e acólito. Notem que o ministério extraordinário da comunhão é conferido mediante um mandato (chamado no Pontifical Romano de Rito de Colação do Ministério Extraordinário da Distribuição da Sagrada Comunhão), mas não mediante uma instituição. O segundo elemento é a consequência disso: o ritual não pode ser repetido. O exercício do ministério deverá ser regulado na duração, no conteúdo e nas modalidades determinadas por cada Conferência Episcopal, mas o Rito é realizado uma vez só, a exemplo do que acontece com a instituição de leitor e acólito. A carta da Congregação assim o diz:

> *"A* ***estabilidade*** *do ministério de Catequista é análoga àquela dos outros ministérios instituídos. Definir tal ministério como estável, além de exprimir o fato que na Igreja esse é*

'estavelmente' presente, significa também afirmar que os leigos que tenham a idade e os dons determinados com decreto da Conferência Episcopal, podem ser assumidos de modo estável (como os leitores e os acólitos) ao ministério de Catequista: o que acontece mediante o rito de instituição que, portanto, não pode ser repetido. Todavia, o exercício do ministério pode e deve ser regulado na duração, no conteúdo e nas modalidades de cada Conferência Episcopal segundo as exigências pastorais" (Congregação para o Culto Divino e a Disciplina dos Sacramentos, *Carta aos Presidentes das Conferências dos Bispos sobre o Rito de Instituição dos Catequistas*, 3 de dezembro de 2021, Prot. N. 627/21, n. 3).

15.4. Um ministério a ser exercido em colaboração e sob a guia dos ministros ordenados

Como é bem claro que, na Igreja, quem governa deve ser um servidor; e quem serve não deve querer os melhores lugares, então é também muito claro que o ministério laical de catequista não entra de modo algum na linha de uma concorrência de forças ou equiparação com o ministério ordenado. O Código de Direito Canônico afirma que é pelo sacramento da Ordem que alguém se torna sujeito de governo na Igreja, e que os leigos podem colaborar nesse governo, além de afirmar que os pastores da Igreja devem favorecer a missão dos leigos:

"De acordo com as prescrições do direito, são capazes do poder de regime que, por instituição divina, existe na Igreja e se denomina também poder de jurisdição, aqueles que foram promovidos à ordem sacra" (cân. 129, §1). *"No exercício desse poder, os fiéis leigos podem cooperar, de acordo com o direito"* (cân. 129, §2). *"Os clérigos devem reconhecer e promover a missão que os leigos exercem na Igreja e no mundo,*

cada um conforme a parte que lhe cabe" (cân. 275, §2). *"O pároco reconheça e promova a parte própria que os fiéis leigos têm na missão da Igreja, incentivando suas associações que se propõem finalidades religiosas. Coopere com o próprio Bispo e com o presbitério da diocese, trabalhando para que também os fiéis sejam solícitos em prol do espírito de comunhão na paróquia, sintam-se membros da diocese e da Igreja universal e participem ou colaborem nas obras destinadas a promover essa comunhão"* (cân. 529, §2).

No caso dos Catequistas instituídos, a Congregação para o Culto Divino e a Disciplina dos Sacramentos acentua essa colaboração e submissão da guia aos ministros ordenados porque se trata da mesma finalidade de trabalhos em missões diferentes. Foi por isso que o Papa Francisco estabeleceu na Carta Apostólica *Antiquum Ministerium* que entre as condições para alguém ser chamado para a instituição do ministério de Catequista está a qualidade de ser colaborador fiel dos presbíteros e diáconos[12]. Tal requisito é também acentuado na Carta da Congregação:

> *"Os Catequistas em virtude do Batismo são chamados a ser* ***corresponsáveis*** *na Igreja local pelo* ***anúncio*** *e a* ***transmissão da fé****, desempenhando tal papel* ***em colaboração com os ministros ordenados e sob a sua guia.*** *Catequizar é conduzir alguém a perscrutar o mistério de Cristo em todas as suas dimensões. [...] É desvelar na pessoa de Cristo todo o desígnio de Deus, que nela se cumpre. É procurar compreender o significado dos gestos e das palavras de Cristo, dos sinais operados por Ele, porque esses ao mesmo tempo escondem e revelam o seu mistério. Neste sentido, o escopo definitivo da catequese é colocar alguém não só em contato, mas em*

[12] Cf. Francisco, Carta Apostólica dada sob forma de *motu próprio Antiquum Ministerium*, 10.5.2021, Tipografia Vaticana, n. 8, p. 13.

comunhão, em intimidade com Jesus Cristo: só Ele pode conduzir ao amor do Pai no Espírito e pode fazer-nos participantes da vida da Santíssima Trindade" (Congregação para o Culto Divino e a Disciplina dos Sacramentos, *Carta aos Presidentes das Conferências dos Bispos sobre o Rito de Instituição dos Catequistas*, 3 de dezembro de 2021, Prot. N. 627/21, n. 4).

15.5. O termo "catequista" indica realidades diferentes em relação ao contexto eclesial

"Tal finalidade compreende ***diversos aspectos*** *e sua consecução se exprime em* ***múltiplas formas****, definidas pelas exigências das comunidades e pelo discernimento dos Bispos. Por este motivo, a fim de evitar incompreensões, é preciso ter presente que o termo 'catequista' indica realidades diferentes entre si em relação ao contexto eclesial no qual é utilizado. Os Catequistas nos territórios de missão se diferenciam daqueles que trabalham na Igrejas de antiga tradição. Além disso, mesmo as experiências individuais determinam características e modalidades de ação muito diversificadas, tanto que tornam difícil fazer uma descrição unitária e sintética"* (Congregação para o Culto Divino e a Disciplina dos Sacramentos, *Carta aos Presidentes das Conferências dos Bispos sobre o Rito de Instituição dos Catequistas*, 3 de dezembro de 2021, Prot. N. 627/21, n. 5).

15.6. Duas Tipologias dos modos de ser catequista

"Na grande variedade de formas, se podem distinguir – não de modo rígido – ***duas tipologias*** *principais dos modos de ser Catequistas. Alguns têm a* ***tarefa específica da catequese****, outros mais ampla de uma* ***participação nas diversas formas de apostolado****, em colaboração com os ministros ordenados e obedientes à sua guia. A concretude da realidade*

eclesial (Igrejas de antiga tradição; jovens Igrejas; amplitude do território; número dos ministros ordenados, organização pastoral...) determina o afirmar-se de uma ou de outra tipologia" (Congregação para o Culto Divino e a Disciplina dos Sacramentos, *Carta aos Presidentes das Conferências dos Bispos sobre o Rito de Instituição dos Catequistas*, 3 de dezembro de 2021, Prot. N. 627/21, n. 6).

15.7. Não todos os que são chamados "catequistas" devem ser instituídos

"É oportuno que, havendo esse ministério 'uma forte conotação vocacional que requer o devido discernimento da parte do Bispo' e sendo o seu conteúdo definido pelas Conferências Episcopais (obviamente em conformidade com as disposições de Antiquum ministerium), não todos os que os que são chamados 'catequistas', realizando um serviço de catequese ou de colaboração pastoral, devem ser instituídos" (Congregação para o Culto Divino e a Disciplina dos Sacramentos, *Carta aos Presidentes das Conferências dos Bispos sobre o Rito de Instituição dos Catequistas*, 3 de dezembro de 2021, Prot. N. 627/21, n. 7).

15.8. Os que não deveriam ser instituídos como Catequistas

*"De preferência **não deveriam ser instituídos como Catequistas:***
- os que já iniciaram o caminho para a ordem sagrada e em particular foram admitidos entre os candidatos ao diaconado e ao presbiterado: como já recordado, o ministério de Catequista é um ministério laical e é essencialmente distinto do ministério ordenado que se recebe com o Sacramento da Ordem;
- os religiosos e as religiosas (independentemente da sua pertença a Instituto que tem como carisma a catequese), a menos que não desenvolvam o papel de referentes para uma

comunidade paroquial ou de coordenadores da atividade catequética. Se recorda que, na falta de ministros instituídos, podem – como todos os batizados – exercer os ministérios "de fato", exatamente por força do Batismo, que é fundamento também da sua profissão religiosa;
- os que exercem um serviço voltado exclusivamente aos pertencentes a um movimento eclesial: tal função, igualmente preciosa, é, de fato, confiada pelos responsáveis de cada um dos movimentos eclesiais e não, como no ministério de Catequista, pelo Bispo diocesano depois do seu discernimento em relação às necessidades pastorais;
- os que ensinam religião católica nas escolas, a menos que não desenvolvam junto outras tarefas eclesiais a serviço da paróquia ou da diocese" (Congregação para o Culto Divino e a Disciplina dos Sacramentos, *Carta aos Presidentes das Conferências dos Bispos sobre o Rito de Instituição dos Catequistas*, 3 de dezembro de 2021, Prot. N. 627/21, n. 8).

15.9. Não todos aqueles que preparam para a iniciação as crianças, jovens e adultos devem ser instituídos Catequistas

"Uma atenta reflexão – que deverá certamente ser aprofundada repensando no seu todo e de modo harmônico todos os ministérios instituídos – merece o caso daqueles que acompanham o percurso de ***iniciação das crianças, dos jovens e dos adultos****. Não parece oportuno que todos sejam instituídos como Catequistas: como já recordado, este ministério tem 'uma forte conotação vocacional que requer o devido discernimento da parte do Bispo'. É, mais que isso, absolutamente conveniente que todos eles recebam no início de cada ano catequético um mandato público eclesial com o qual é confiado a eles tal indispensável função.*
Não é excluído que alguns daqueles que seguem a iniciação, depois de um oportuno discernimento, sejam instituídos

como ministros. Todavia, é necessário perguntar-se, em razão do conteúdo específico de cada ministério, qual seja o mais adaptado entre os ministérios de Leitor e de Catequista. De fato, o rito de instituição dos Leitores afirma que é sua tarefa educar à fé as crianças e os adultos e guiá-los a receber dignamente os Sacramentos. Considerando que é antiga a tradição de que cada ministério seja diretamente ligado a um ofício particular na celebração litúrgica, resulta sem dúvidas evidente que o proclamar a Palavra na assembleia exprime bem o serviço de quem acompanha o caminho de iniciação: aqueles que recebem o ensinamento catequético veriam no Leitor que se faz voz da Palavra a expressão litúrgica do serviço que presta a eles.

Se, ao contrário, àqueles que seguem a iniciação viesse confiado – sob a moderação dos ministros ordenados – uma tarefa de formação ou uma responsabilidade de coordenar toda a atividade catequística, então pareceria mais oportuno que sejam instituídos como Catequistas.

Em conclusão: não todos aqueles que preparam para a iniciação as crianças, jovens e adultos devem ser instituídos Catequistas: o discernimento do Bispo pode chamar alguns deles, segundo suas capacidades e as exigências pastorais, ao ministério ou de Leitor ou de Catequista" (Congregação para o Culto Divino e a Disciplina dos Sacramentos, *Carta aos Presidentes das Conferências dos Bispos sobre o Rito de Instituição dos Catequistas*, 3 de dezembro de 2021, Prot. N. 627/21, n. 9).

15.10. Os candidatos ao ministério instituído de Catequista devem ter uma experiência prévia de catequese

Como é lógico pensar, se os candidatos à instituição do ministério têm de ter uma experiência prévia de catequese, isso implica dizer que, mesmo que o ministério instituído fosse destinado a todos os catequistas, ninguém começaria a ser catequista com a instituição no ministério. Isto é, mesmo que todos os catequistas chegassem a receber a instituição, sempre haveria catequistas que não foram instituídos como ministros da catequese.

> *"Por motivo de quanto é afirmado aqui, os candidatos ao ministério instituído de Catequista – devem ter maturado uma prévia experiência de catequese – podem, portanto, ser escolhidos entre os que* **de modo mais específico desenvolvem o serviço do anúncio***: esses são chamados a encontrar formas mais eficazes e coerentes para o primeiro anúncio, para depois acompanhar quantos lhe escutam na etapa propriamente iniciática. [...]"* (Congregação para o Culto Divino e a Disciplina dos Sacramentos, *Carta aos Presidentes das Conferências dos Bispos sobre o Rito de Instituição dos Catequistas*, 3 de dezembro de 2021, Prot. N. 627/21, n. 10).

15.11. Tarefa das Conferências Episcopais na escolha, no exercício e na formação dos ministros da catequese

Como sói acontecer, a Santa Sé não deseja impor todas as condições para a organização das Igrejas Particulares. Por isso as especificações sobre o perfil, papel e as formas de exercício do ministério dos catequistas, bem como tudo que se refere à formação deles, ficam a cargo das Conferências Episcopais:

> *"É, portanto, tarefa das* **Conferências Episcopais** *esclarecer o* **perfil***, o* **papel** *e as* **formas** *mais coerentes para* **o exercício do ministério dos Catequistas** *para o território de sua competência, em linha de quanto é indicado no Motu Proprio Antiquum ministerium. Devem, além disso, ser defini-*

dos adequados ***percursos formativos*** *para os candidatos. Enfim, se tenha cuidado também de preparar as comunidades para que compreendam o sentido disso"* (Congregação para o Culto Divino e a Disciplina dos Sacramentos, *Carta aos Presidentes das Conferências dos Bispos sobre o Rito de Instituição dos Catequistas*, 3 de dezembro de 2021, Prot. N. 627/21, n. 13).

15.12. Tarefa dos Bispos diocesanos

Os candidatos a receber o ministério de catequistas devem fazer um pedido livre, escrito e assinado. Mas, antes disso, deve haver um discernimento do Bispo diocesano sobre o chamado ao ministério de catequistas, avaliando tanto as necessidades da comunidade quanto as capacidades dos candidatos. Mas o processo não começa com o pedido e sim com o discernimento do Bispo. Seria desastroso que alguém começasse o processo com um pedido formal e tivesse como resposta uma negativa. Naturalmente, a pessoa poderia começar com um pedido, mas não formal:

> *"É tarefa do Bispo diocesano discernir sobre o chamado ao ministério de Catequista avaliando as necessidades da comunidade e as capacidades dos candidatos. Podem ser admitidos entre os candidatos homens e mulheres que tenham recebido os Sacramentos da iniciação cristã e tenham apresentado ao Bispo diocesano um pedido livremente escrito e assinado"* (Congregação para o Culto Divino e a Disciplina dos Sacramentos, *Carta aos Presidentes das Conferências dos Bispos sobre o Rito de Instituição dos Catequistas*, 3 de dezembro de 2021, Prot. N. 627/21, n. 14).

15.13. As condições para que alguém receba o ministério de catequista

Na Carta da Congregação para o Culto Divino e a Disciplina dos Sacramentos, repetem-se as condições dos candidatos, mencionadas pelo Papa Francisco no *Motu Proprio*, que instituiu o ministério de catequistas e que nós já comentamos nesse texto. O trecho da Carta diz o seguinte:

> *"No descrever os requisitos, o Motu Proprio assim se exprime: É bom que para o ministério instituído de Catequista sejam chamados homens e mulheres de profunda fé e maturidade humana, que tenham uma participação ativa na vida da comunidade cristã, que sejam capazes de acolhimento, generosidade e vida de comunhão fraterna, que recebam a devida formação bíblica, teológica, pastoral e pedagógica para serem comunicadores atentos da verdade da fé, e que tenham já maturado uma prévia experiência de catequese. É requerido que sejam fiéis colaboradores dos presbíteros e dos diáconos, disponibilidade para exercer o ministério, onde for necessário, e animados de verdadeiro entusiasmo apostólico"* (Congregação para o Culto Divino e a Disciplina dos Sacramentos, *Carta aos Presidentes das Conferências dos Bispos sobre o Rito de Instituição dos Catequistas*, 3 de dezembro de 2021, Prot. N. 627/21, n. 15).

15.14. A Celebração da instituição dos ministros leigos da catequese

A Congregação para o Culto Divino e a Disciplina dos Sacramentos apresenta aqui o que se verifica no Rito que foi publicado. O primeiro aspecto é que quem confere o ministério é o Bispo diocesano, podendo haver a delegação para um sacerdote. Vale lembrar que os sacerdotes não têm poder e missão de conferir ministérios. O segundo aspecto é o caráter litúrgico da instituição. Mesmo que não seja feito durante a Missa, o que é preferível, a instituição acontecerá, pelo menos, em uma celebração da Palavra de Deus. O rito é simples, como veremos adiante, e assemelha-se à concessão do ministério extraordinário da comunhão (também da bênção e do consolo), e da instituição de leitores e acólitos. Porém a Santa Sé reserva espaço para adaptações das Conferências Episcopais:

> *"O ministério de Catequista é conferido pelo Bispo diocesano, ou por um sacerdote delegado por ele, mediante o rito litúrgico De Institutione Catechistarum, promulgado pela Sé Apostólica.*
> *O ministério pode ser conferido durante a Missa ou durante uma celebração da Palavra de Deus.*
> *A estrutura do rito prevê, depois da liturgia da Palavra, uma exortação (esse texto se presta bem à adaptação por parte das Conferências Episcopais em relação a como quiserem especificar o papel dos Catequistas); o convite à oração, um texto de bênção; a entrega do crucifixo"* (cf. Congregação para o Culto Divino e a Disciplina dos Sacramentos, *Carta aos Presidentes das Conferências dos Bispos sobre o Rito de Instituição dos Catequistas*, 3 de dezembro de 2021, Prot. N. 627/21, n. 16-18).

***

16. O Ritual para a Instituição do Ministério dos Catequistas

Apresentamos aqui o Ritual para a Instituição do Ministério dos Catequistas, apresentado no dia 3 de dezembro de 2021, pela Congregação para o Culto Divino e a Disciplina dos Sacramentos. O texto foi lançado em latim, porque as traduções para as línguas vernáculas e adaptações serão feitas por cada uma das Conferências Episcopais, sendo depois submetidas à mesma Congregação para que dê a confirmação, no caso das traduções (cf. cân. 838, §3), e a revisão, no caso das adaptações (cf. cân. 838, §2). Assim sendo, o texto aqui apresentado oferece uma tradução livre, não oficial e que, seguramente, é diferente do que será publicado oportunamente. Nós o apresentamos aqui apenas para ilustrar como se desenvolve o Rito prescrito. O que segue é o Decreto de apresentação do Ritual, o Rito da instituição dentro da Missa e o Rito da instituição em uma celebração da Palavra, bem como a lista com as leituras próprias a serem utilizadas:

O PONTIFICAL ROMANO REFORMADO POR DECRETO DO SACROSSANTO CONCÍLIO ECUMÊNICO DO VATICANO II, PROMULGADO POR AUTORIDADE DO PAPA PAULO VI, APROVADO PELO PAPA FRANCISCO **SOBRE A INSTITUIÇÃO DOS CATEQUISTAS**
EDIÇÃO TÍPICA – 2021

CONGREGAÇÃO DO CULTO DIVINO E DISCIPLINA DOS SACRAMENTOS
Prot. n 627/21

16.1. Decreto

Após a instituição do Ministério dos Catequistas estabelecida pelo Papa Francisco através da Carta Apostólica, dada sob forma de *Motu Proprio, Antiquum Ministerium*, em 10 de maio de 2021, a Congregação para o Culto Divino e a Disciplina dos Sacramentos preparou o rito para a instituição dos catequistas.

Este rito foi aprovado pelo Sumo Pontífice Francisco com a sua autoridade e ordenou a sua publicação, para que a partir de 1 de janeiro de 2022 ser utilizado em língua latina e em língua vernácula a partir do dia em que as Conferências Episcopais tenham estabelecido por sua decisão, depois de terem aprovado as traduções em línguas vernáculas e as adaptações rituais e obtido a confirmação ou revisão da Congregação para o Culto Divino e a Disciplina dos Sacramentos.

Não obstante qualquer coisa em contrário.

Da sede da Congregação para o Culto Divino e a Disciplina dos Sacramentos, no dia 3 de dezembro de 2021, na memória de São Francisco Xavier, presbítero.

✠ Arthur Roche
Prefeito

✠ Vitorio Francesco Viola, OFM
Arcebispo Secretário

16.2. Capítulo I - Sobre a instituição dos catequistas na celebração da Missa

1. Para realizar o ritual deve-se preparar:
a) as coisas necessárias para a celebração da Missa;
b) Pontifical Romano;
c) A cruz a ser entregue ao Catequista;
d) a sede do Bispo;
e) estabelecer assentos para os catequistas, em local conveniente do presbitério, dispostos de maneira que a ação litúrgica seja bem-vista pelos fiéis;
f) se a Comunhão for distribuída sob ambas as espécies, um cálice de tamanho suficiente.

2. A Missa a ser celebrada pode ser: pelos ministros da Igreja ou pelos leigos, ou para a evangelização dos povos, ou para

a nova evangelização, adaptando, sobretudo em certas orações, com o gênero ou o número, conforme a conveniência de cada circunstância, com leituras adequadas, usando cores brancas ou festivas.
Sendo oportuno, o Bispo institui os catequistas na própria paróquia onde tenham trabalhado com perseverança e sejam conhecidos pelos fiéis.
Ocorrendo algum dos dias indicados nos ns. 1-9 da tabela dos dias litúrgicos, celebra-se a Missa do dia.
Quando não se celebra a Missa para diversas necessidades ou para diversos fins, pode-se tomar uma das leituras das propostas no Lecionário para o rito da instituição, a não ser que ocorra nos dias previstos nos n. 1-4 da tabela dos dias litúrgicos. (cf. Cerimonial dos Bispos, Apêndice II)
3. Os ritos iniciais e a liturgia da Palavra, até o Evangelho inclusive, são realizados como de costume.
4. Os textos que são propostos nos ritos da instituição devem ser adaptados ao gênero e número.
5. Dito o Evangelho, o Bispo senta-se na cadeira ou assento preparado em lugar mais conveniente, toma a mitra e, se for conveniente, o báculo. Estando todos sentados, o diácono ou sacerdote designado para chamar os candidatos, diz:
Aproximem-se os [as] que vão ser instituídos [as] no ministério dos catequistas.
Os candidatos são chamados pelo nome. Cada um deles responde:
Aqui estou (Presente)
E eles se aproximam do Bispo, a quem fazem reverência, e voltam para seus lugares.
6. Em seguida, o Bispo faz a homilia, na qual explica ao povo os textos lidos da Sagrada Escritura e o ministério do Catequista, concluindo com estas palavras ou outras semelhantes, dirigidas aos próprios candidatos:
Queridos filhos e filhas, o Senhor Jesus Cristo, antes de seu retorno ao Pai, ordenou a seus discípulos que pregassem o

Evangelho até os confins da terra. Desde o dia de Pentecostes, a Igreja, sustentada pelo Espírito Santo, cumpriu fielmente este mandato, em todos os tempos e lugares, transmitindo a fé por meio da palavra e do exemplo de inúmeras testemunhas. O próprio Espírito não cessa de enriquecer a Igreja com a variedade dos seus carismas para o bem comum. Como participantes da missão de Cristo sacerdote, profeta e rei, todos os batizados têm sua parte ativa na vida e na atividade da Igreja. Alguns, entre eles, recebem vocação especial para exercer os ministérios instituídos pela Igreja. Agora, de fato, vós, já investidos em um trabalho constante na comunidade cristã, são chamados ao ministério estável de Catequista para viver com muito entusiasmo o espírito apostólico, a exemplo daqueles homens e mulheres que ajudaram Paulo e outros apóstolos a difundir o Evangelho. O vosso ministério seja sempre radicado em uma profunda vida de oração, edificado sobre a sã doutrina e animado pelo verdadeiro zelo apostólico. Aproximareis da Igreja os homens que talvez estiverem longe; cooperareis com dedicação generosa na transmissão da palavra de Deus; cultivareis constantemente o sentido da Igreja local, da qual a paróquia é como uma célula. Fiéis testemunhas, mestres e mistagogos, mestres e pedagogos que ensinam em nome da Igreja, deveis associar o vosso trabalho a ministros ordenados nas diversas formas de apostolado, corresponsáveis pela missão confiada por Cristo à Igreja, sempre prontos a responder a todos os que vos pedem a razão para a vossa esperança.

7. Terminada a homilia, o bispo se levanta, depõe o báculo e a mitra, se levanta e todos com ele. Os candidatos se ajoelham diante dele. O bispo convida os fiéis a rezar, dizendo, de mãos juntas:

Roguemos ao Senhor, caríssimos irmãos, que aqueles [as] que elegeu para o ministério dos catequistas, se digne encher com a sua bênção e, sustentado pela graça do Batismo, confirme-os [as], para ministrar fielmente na Igreja NN.

Então todos rezam em silêncio por algum tempo.

8. Em seguida, o Bispo, de pé e com as mãos estendidas, faz uma oração de bênção sobre os candidatos:

Pai, que nos tornastes participantes da missão de Cristo teu Filho e concedes os múltiplos dons do Espírito à tua Igreja, abençoa estes [estas] filhos [filhas] teus [tuas] escolhidos para o ministério de Catequistas. Agora, vos pedimos humildemente que vivam o seu batismo, cooperando com os pastores em diversos tipos de apostolado para edificar o vosso Reino. Por Cristo nosso Senhor. R/. Amém.

9. Em seguida, todos se sentam. O bispo senta-se e põe a mitra. Os candidatos levantam-se e aproximam-se do Bispo, que entrega a cada um uma cruz, dizendo:

Recebe este sinal da nossa fé, cátedra da verdade e da caridade de Cristo, e anuncie-o pela vida, pelos costumes e pela palavra.

A catequista responde:

Amém.

Enquanto isso, especialmente se houver muitos candidatos, pode-se cantar o salmo 98 ou outro cântico adequado.

10. Terminadas essas coisas, a Missa continua da maneira habitual, ou com o símbolo, se for prescrito, ou com a oração universal, na qual são feitas súplicas especiais para os novos catequistas nomeados.

16.3. Capítulo II - Sobre a instituição de catequistas a ser realizada com a celebração da palavra de Deus

11. O bispo pode usar cruz peitoral, estola e pluvial de cor adequada, sobre a alva; ou usar apenas a cruz e a estola sobre o roquete e a mozeta; neste caso, ele não usa a mitra e o báculo.

12. Antes da saudação do Bispo, a celebração pode começar com uma antífona ou um cântico adequado.

13. Então o Bispo diz:

Oremos. Deus, que ensinastes os ministros da vossa Igreja a não quererem ser servidos, mas a servirem aos seus irmãos, concedei-lhes, rogamos, habilidade na ação e constância na oração com a mansidão do ministério. Por Cristo nosso Senhor. R/. Amém.

14. A Liturgia da Palavra é realizada da mesma forma que na Missa, com cânticos convenientemente inseridos entre as leituras.

15. A instituição dos catequistas realiza-se da mesma forma que acima, n. 4-9.

16. O rito de instituição termina com a oração universal e a oração do Senhor. Então o Bispo toma, se as usa, a mitra, e, estendendo as mãos, saúda o povo, dizendo:

O Senhor está convosco.

Todos respondem:

Ele está no meio de nós.

A seguir, o Bispo, estendendo as mãos para abençoar os fiéis, continua:

Que a paz de Deus, que excede todo entendimento, guarde seus corações e seu entendimento no conhecimento e na caridade de Deus e de seu Filho, nosso Senhor Jesus Cristo.

Todos respondem:

Amém.

Então o Bispo, recebendo, se o usar, o báculo, diz:

Deus te abençoe Todo-Poderoso

Fazendo o sinal da cruz três vezes sobre o povo, acrescenta:

Pai, ✠ e Filho, ✠ e Espírito ✠ Santo.

Todos respondem:

Amém.

Então o diácono, de mãos juntas, dirige-se ao povo e diz:

Ide e servi a Igreja de Deus.

Todos respondem:

Graças a Deus.

e eles se retiram.

16.4. Capítulo III – Leituras bíblicas

Leituras do Antigo Testamento

1. **Ex 3**,1-6.9-12: "*Eu estarei com você.*"

Naqueles dias: Moisés apascentava as ovelhas de Jetro...

2. **Is 52**,7-10: "*Todos os confins da terra verão a salvação do nosso Deus.*"

Como são belos os pés do anunciador sobre os montes...

3. **Sabedoria 13**,1-9: "*Se pudessem estimar a idade, como não acharam o Senhor deste?*"".

Todos os homens são vaidosos por natureza...

Leituras do Novo Testamento

1. **Atos 18**,23-28: "*Apolo mostrou pelas Escrituras que Cristo é Jesus.*"

Depois de ter estado algum tempo em Antioquia, Paulo pôs-se a caminhar em ordem...

2. **1Cor 1**,22-31: "*Nós pregamos a Cristo crucificado.*"

Irmãos: Os judeus pedem sinais...

3. **Fl 4**,4-9: "*Seja qual for a casta, considere estas coisas.*"

Irmãos: Alegrai-vos sempre no Senhor...

Salmos responsoriais

1. **Salmo 15**,1-2a e 5.7-8.11

R/ (cf. 5a): Tu és, ó Senhor, parte da minha herança".

2. **Salmo 18**,2-3.4-5

R/ (5a): O som deles se espalhou por toda a terra.

3. **Salmo 99**,2.3.4.5

R/ (3c): Somos o seu povo e as ovelhas do seu pasto.

Aleluia e versos antes do Evangelho

1. **João 8**,12: Eu sou a luz do mundo, diz o Senhor: quem me segue terá a luz da vida.

2. **João 12**,26: Se alguém me serve, siga-me, diz o Senhor: e onde eu estiver, ali estará o meu ministro.

Evangelhos

1. **Lucas, 12**,39-48: "*A quem muito foi dado, muito lhe será exigido.*"

Naquele tempo: Disse Jesus aos seus discípulos: Sabei disto...

2. **João 12**,44-50: "*Eu vim como luz ao mundo, para que todo aquele que crê em mim não permaneça nas trevas*". Naquele tempo: Jesus clamou e disse...

CONCLUSÃO

Procuramos aqui apresentar, de modo quase ilustrativo, o que teria sido o caminho para a descoberta dos ministérios a serem exercidos pelos fiéis leigos, sobretudo como meios de suplência da falta de ministros sagrados, mas também com a abertura oferecida pelo Papa Paulo VI, em sua Carta Apostólica *Ministeria Quaedam*, que acenou para a possibilidade da instituição de ministérios para os leigos, incluindo os que ele mesmo instituiu na formulação dos ministérios de Leitor e Acólito. Também procuramos apresentar o quanto já tenha sido assimilado sobre essa iniciativa na legislação da Igreja, especialmente no Código de Direito Canônico. E apresentamos de maneira esquemática as disposições do Papa Francisco na Carta Apostólica *Antiquum Ministerium*, que instituiu o ministério laical dos Catequistas, com seus desdobramentos, no já publicado Rito de Instituição do Ministérios de Catequistas, acompanhado da Carta enviada pela Congregação para o Culto Divino e a Disciplina dos Sacramentos aos Presidentes das Conferências Episcopais.

Muito já tem sido realizado para que se possa viabilizar a prática da instituição de catequistas. A Conferência Episcopal do Brasil já havia tido essa iniciativa no passado, a ponto de lançar o Documento *Ministério de Catequistas*, Estudos da CNBB, n. 95, de 2002. Posteriormente, já em vista da *Antiquum Ministerium*, lançou *Critérios e itinerários para a instituição do Ministério de Catequista*, da Comissão Episcopal Pastoral para Animação Bíblico-catequética, em 2021, e, mais recentemente, anunciou a publicação de *Critérios para a instituição do Ministério de Catequistas*, da Conferência Nacional dos Bispos do Brasil, Documentos da CNBB, n. 112, Edições CNBB. Em seguida, as Igrejas Particulares (dioceses) também vão apresentar seus planos de formação e disposições para efetivar o que o Papa Francisco determinou. O próprio Romano Pontífice já instituiu alguns ministros catequistas, no dia 23 de janeiro de 2022, Domingo da Palavra de Deus, em cerimônia realizada na Basílica de São Pedro, inclusive a um jovem e uma jovem brasileiros.

Mas, de tudo o que foi visto, parece interessante verificar que o Papa Francisco, verdadeiramente, tenha criado uma situação nova. O ministério (serviço) da Catequese é tão antigo quanto a Igreja. Porém a instituição de um ministério, no sentido de estabelecer um Rito litúrgico de investir os leigos em um ministério estável (que não se repete), mas que será exercido no âmbito secular e não litúrgico. Como se viu, os ministérios extraordinários, conferidos mediante colação, ou os outros ministérios instituídos (leitor e acólito), conferidos mediante o Rito Litúrgico da Instituição, não deixam de ser participação em um serviço que, em princípio, são serviços próprios dos ministros sagrados, que são investidos por meio do Sacramento da Ordem. Esse novo ministério não se realiza no âmbito da vida eclesial litúrgica, mas no âmbito do anúncio da Palavra de Deus. Por isso, de certa maneira, há uma afinidade com o ministério do Leitorado, mas há também uma distinção.

O Leitorado refere-se à celebração litúrgica, o ministério catequético laical instituído refere-se aos encontros de catequese, entre os catequistas e seus catequizandos.

É de se considerar a especialidade de um ministério que não será oferecido a todos os catequistas, mas que será, para aqueles que o receberem, uma entonação nova da importância desse serviço, tanto quanto o será também para os que não o receberem.

Nossa apreciação é a de que se trata de uma inspiração que poderá ser útil a outras realidades da vida secular, que poderiam também receber um mandato com esse peso de instituição, quem sabe, por exemplo, dos professores de ciências sagradas, nos seminários, nas faculdades e nos institutos católicos ou eclesiásticos.

Pensamos que há um caminho aberto, que aponta para uma grande nova esperança na Igreja. Todos os batizados precisam assumir sua sublime vocação missionária, que faz deles todos agentes eficazes e autorizados a difundir a Palavra de Deus, para construir seu Reino entre nós.

Oferecemos esta pequena obra aos catequistas e às catequistas, para que a dignidade desse serviço alegre cada vez mais seu caminho e seu compromisso com Cristo, Nosso Senhor. Amém.

ÍNDICE

Este livro foi composto com as famílias tipográficas Bookmania e Gill Sans MT e impresso em papel Offset 70g/m² pela Gráfica Santuário.